本书获得浙江海洋大学学术著作出版

计量经济学

理论与实验

杨美丽　著

中国原子能出版社

China Atomic Energy Press

图书在版编目（C I P）数据

计量经济学 : 理论与实验 / 杨美丽著. -- 北京 : 中国原子能出版社, 2019.9

ISBN 978-7-5221-0062-3

Ⅰ. ①计… Ⅱ. ①杨… Ⅲ. ①计量经济学 Ⅳ. ① F224.0

中国版本图书馆 CIP 数据核字 (2019) 第 209181 号

内容简介

当前，已出版的计量经济学书籍多专注于“计量”部分，偏失“经济学”部分，表现在：一是更注重数理推导，二是即便有案例分析，也几乎不涉及计量经济分析中的第一步（即经济模型构建）和最后一步（经济意义检验），而这两部分一个是经济模型构建的基础，一个是经济模型是否能用的关键；三是普遍缺乏细致的实验过程。本书注重“计量经济学”的“经济学”属性和计量经济实验的“可操作性”，尝试给读者一本“可接受的”，“读的下去”也“操作的来”的计量经济学读物。同时本书也可作为经济学专业人士计量经济学初学教程。

计量经济学 : 理论与实验

出版发行	中国原子能出版社（北京市海淀区阜成路 43 号　100048）
责任编辑	王　丹　高树超
装帧设计	河北优盛文化传播有限公司
责任校对	冯莲凤
责任印制	潘玉玲
印　　刷	定州启航印刷有限公司
开　　本	710 mm×1000 mm　1/16
印　　张	10.5
字　　数	205 千字
版　　次	2019 年 9 月第 1 版　　2019 年 9 月第 1 次印刷
书　　号	ISBN 978-7-5221-0062-3
定　　价	48.00 元

发行电话：010-68452845　

前　言

计量经济学是经济学的重要分支学科，其核心在于通过模型建构和参数估计，模拟和测量经济现实，进行可能的经济预测、结构分析、政策评价等。如同经济学家萨缪尔森（P. Samuelson）的论断“第二次世界大战后的经济学是计量经济学的时代”，计量经济学是当代最有生命力的经济学科之一。

计量经济分析包含三大要素：经济理论、数据和统计推断。目前的计量经济学出版物（不包括期刊），就类型看，一是关注线性回归的教材比较多，二是介绍最新计量经济方法的译作比较多。就内容看，多专注“计量”部分，偏失“经济学”部分，表现在两方面：一是更注重数理推导；二是即使有模型分析，也几乎不涉及建模的依据和模型的经济意义检验。这两方面一个是模型构建的基础，另一个是决定模型模拟和经济测量是否有效的关键。相较其他经济学科，计量经济学显得“高深莫测”，读者多“一头雾水”“看书却步”。

比如，在计量经济分析中，为何需要将名义数据转换成可比数据，又该怎样转换？为什么同样是消费函数，有的用单方程形式，有的用联立方程？为什么不同行业的生产有的考虑的是需求约束，有的考虑的是供给约束？为何同样是供给约束，有的采用线性模型，有的采用双对数模型？双对数模型又有怎样的经济解释？规模经济在生产过程中有无体现？又是怎样体现的？现有的计量经济学出版物普遍缺乏这些方面的细致的经济分析和论证。

本书从计量经济学的经济学属性出发，论述“计量经济学”的“经济性”，致力呈现完整的计量经济建模、分析和讨论过程，给读者一种类似“生活中的经济学”的计量经济学论著。具体内容如下：计量经济的选题、文献和文献综述、计量经济模型的构建和分析（包括经济模型的构建和依据、经济模型的参数估计与估计方法、经济模型的统计检验和经济检验、研究结果的解读和讨论）等。从层次上看，本书只涉及大学本科阶段线性模型部分。从篇章上看，本书第一部分是问题的提出，主要从两个实证研究案例出发，说明作者的写作意图；第二部分是关于选题和文献综述，说明文献和文献在选题中的作用；第三部分是关于计量经济学的核心部分——模型和模型构建，这部分主要从粮食产出模型、消费和消费乘数模型两个案例出发，讨论经济理论和经济实践在模型构建中的作用，并将经济论文中的假说和假说验证，包括经济模型的构建和依据、参数估计与估计方法、统计检验与经济检验、研究结果的解读与讨论等融入这两个模型的分析，以重申本书的写作意图。最后，是附录和参考文献。

从本书的论述中可以知道，在计量经济建模过程中，同一选题可以采用不同的指标数据进行模拟，也可以用相同的指标数据模拟，采用的方法不同，模拟的结果可能会有非常大的差异，进而会导致相应的政策建议方向性的不同。同时，采用同一批数据，我们也可以验证不同的选题，这就决定了在计量经济学模型的构建过程中，我们只有结合前人的研究文献，准确把握选题方向，准确筛选数据指标，根据计量经济方法进行准确模拟、检验和修正，才能保证模型兼具统计意义与经济意义。否则，我们就会沦为模型的傀儡，为模型而模型，为模型而数据，这样，计量经济学模型“源于经济理论与经济实践，服务于经济理论与经济实践”的构建意义就会丧失。

在本书成文过程中，笔者获得了诸多友人的帮助，这里对他们表示诚挚的感谢。

目 录

第一章　问题的提出

计量经济是对经济的计量。当我们对计量经济的探索、研究和发现足够多时，便形成了计量经济学（Econometrics）。一部分教科书也称之为经济计量学。计量经济学包括理论计量经济学与应用计量经济学，狭义计量经济学与广义计量经济学等。这里只涉及狭义计量经济学部分，更多关注计量经济学的应用，内容集中于回归分析，方法上更多基于普通最小二乘法（OLS）。

计量经济学属于经济学—应用经济学—数量经济学分支科学，其学科地位如图 1-1 所示。

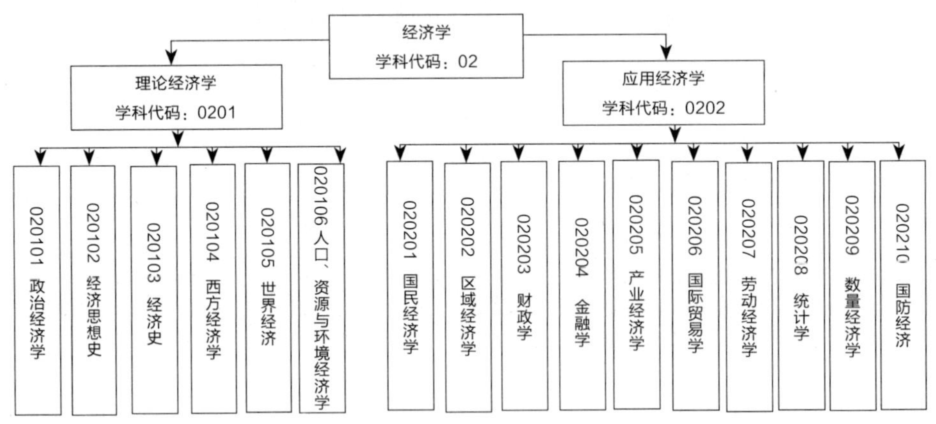

图 1-1　经济学学科谱系图

计量经济分析包含三大要素：经济理论、数据和统计推断。目前的计量经济学出版物（不包括期刊），就类型看，一是关注线性回归的教材比较多，二是介绍最新计量经济方法的译作比较多；就内容看，多专注“计量”部分，偏失“经济学”部分，相较其他经济学科，计量经济学显得“高深莫测”，读者多“一头雾水”“看书却步”。本书从计量经济学的经济学属性出发，论述“计量经济学”的“经济性”，致力呈现完整的计量经济建模、分析和讨论过程，给读者一种类似“生活中的经济学”的计量经济学论著。具体内容如下：计量经济的选题、文献和文献综述、研究假说的提出和验证（包括经济模型的构建和依据、经济模型的参数估计与估计方法、经济模型的统计检验和经济检验）、研究结果的解读和讨论等。

下面从两个案例开始计量经济学旅程。

案例 1: 海水产品产量模型

我国海洋经济发展正如火如荼。为了解我国海水产品产出情况，特构建海水产品产出计量经济模型 $Y=\beta_0+\beta_1X_1+\beta_2X_2+u$。其中，$Y$ 表达海水产品总产量，X_1 表达海水养殖产量，X_2 表达海洋捕捞产量。海水产品总产量 Y、海水养殖产量 X_1、海洋捕捞产量 X_2 数据分别为中国国家统计局“水产品产量”海水产品产量、人工养殖海水产品和天然生产海水产品数据（http://www.stats.gov.cn/tjsj/ndsj/2018/indexch.htm）。数据如表 1–1 所示。

表1–1 海水产品产量数据表

年 份	1985	1986	1987	1988	1989	1990	1991	1992	1993
海水产品产量（万吨）	419.75	475.37	548.16	605.7	661.21	713.29	800.1	933.65	1 076.04
海水养殖产量（万吨）	208.19	222.72	247.02	279.41	294.52	299.52	327.52	379.52	445.76

续 表

年 份	1985	1986	1987	1988	1989	1990	1991	1992	1993
海洋捕捞产量（万吨）	348.51	389.61	438.11	463.33	503.64	551	610	691.23	767.34
年 份	1994	1995	1996	1997	1998	1999	2000	2001	2002
海水产品产量（万吨）	1 241.5	1 439.12	2 012.9	1 888.1	2 044.55	2 145.26	2 203.91	2 233.5	2 298.45
海水养殖产量（万吨）	482.66	549.35	574.71	601.85	670.85	784.85	879.81	950.05	1 031.36
海洋捕捞产量（万吨）	895.89	1 026.84	1 122.25	1 385.38	1 496.68	1 497.62	1 477.45	1 440.61	1 433.49
年 份	2003	2004	2005	2006	2007	2008	2009	2010	2011
海水产品产量（万吨）	2 332.82	2 404.47	2 465.89	2 509.63	2 550.89	2 598.28	2 681.56	2 797.53	2 908.05
海水养殖产量（万吨）	1 071.82	1 135.22	1 203.3	1 264.16	1 307.34	1 340.32	1 405.22	1 482.3	1 551.33
海洋捕捞产量（万吨）	1 432.31	1 451.08	1 453.29	1 442.04	1 440.12	1 453.71	1 482.69	1 507.67	1 546.01
年 份	2012	2013	2014	2015	2016	2017			
海水产品产量（万吨）	2 869.32	2 969.85	3 110.17	3 204.19	3 301.26	3 321.74			

续　表

年　份	2012	2013	2014	2015	2016	2017
海水养殖产量（万吨）	1 643.82	1 739.25	1 812.65	1 875.63	1 963.13	2 000.7
海洋捕捞产量（万吨）	1 571.26	1 568.45	1 584.9	1 618.84	1 632.33	1 557.55

采用普通最小二乘法（OLS），经过新建 Eviews 工作表—输入数据“DATA Y X1 X2”—进行模拟“LS Y X1 X2”后，得到回归结果（表 1–2）。

表1–2　海水产品产出回归结果表

Dependent Variable: Y

Method: Least Squares

Sample: 1985 2017

Included observations: 33

Variable	Coefficient	Std. Error		t-Statistic	Prob.
X_1	0.860494	0.050358		17.08768	0.0000
X_2	0.983909	0.044723		22.00028	0.0000
R-squared	0.990431	Mean dependent var	1992.915	Log likelihood	−195.3692
Adjusted R-squared	0.990122	S.D. dependent var	935.7181	Durbin-Watson stat	1.512951
S.E. of regression	93.00013	Akaike info criterion	11.96177	Hannan-Quinn criter.	11.99229
Sum squared resid	268119.7	Schwarz criterion	12.05247		

观察发现，在 1% 显著性水平下，该模型的参数显著不为零，同时模型拟合优度较高，可决系数达到 99.01%。因此，模型回归结果为 $Y=\beta_0+0.8605X_1+0.9839X_2+u$。由此，其他条件不变时，海水养殖产量每增加 1 万吨，海水产品总产量增加 0.860 5 万吨；海水养殖产量每增加 1 万吨，海水产品总量增加 0.983 9 万吨。因此，为了更有效率地增加海水产品的产出，需要加大海水养殖力度。

那么，该模型有意义吗？

首先，计量经济是对经济的测量、度量。“度”即有标准。计量经济对经济的度量的标准是什么呢？答案是经济理论和经济实践。事实上，经济理论和经济实践既是构建计量经济模型的依据，也是检验计量经济模型成败的标准。

计量经济模型的构建有四大意义：一是进行结构分析，反映经济关系。比如，消费对 GDP 的影响是怎样的？众所周知，消费通过消费乘数作用于 GDP 增长。其他条件不变时，消费增加 1 个单位，平均来看，GDP 必然增加一定数目，这个“一定的数目”即消费乘数。二是进行经济预测。如果非常想知道未来的经济走向，那么依据当前信息及历史信息，在假定政策等的环境不发生变化的情况下，我们可以进行 2019 年 GDP 数据的预测，也可以假定外在环境不发生变化，预测广告费支出增加一个百分点时候，销售额会增加几个百分点。三是进行政策评价。不同于自然科学试验，社会科学试验因其不可复制性、强烈的不可逆性等，在政策等的推出、试行前，一般会进行经济模拟，对政策影响设定不同的阈值，评价政策环境的变化会对经济社会产生怎样的影响，这种影响是长远的还是短期的，这种影响能否被当前社会经济所承受，社会经济能够承受的阈值在哪里，在哪里发生转折等。四是检验和发展理论。当我们发现现有经济理论无法解释经济事实或者经济现象时，新的理论就可能出现了。如同宏观经济学消费理论的演进和发展，当我们发现当前消费的解释变量不再是唯一的当前收入，开始质疑凯恩斯绝对收入消费假说并探索新的解释变量时，逐渐发现消费习惯会影响到当前消费，家庭财富会影响到当前消费，预期收入会影响到当前消费，家庭人口结构会影响到当前消费等，从而有了相对收入消费假说、永久收入消费假说、生命周期理论、代际消费理论等（图 1–2）。

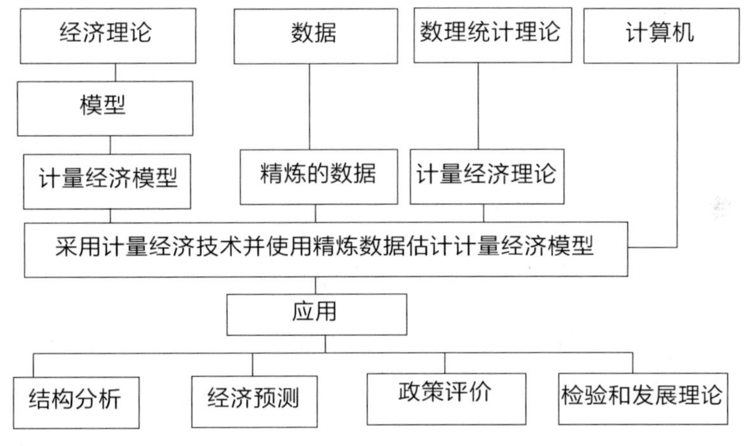

图 1–2　计量经济学的构成要素

案例 1 的海水产品产量模型有意义吗？

首先，海水产品产量是怎样界定的呢？查阅相关文献可以发现："海水产品是海洋渔业生产的水产动植物产品及其加工品的总称，不仅包括捕捞和养殖生产的鱼虾等鲜活品，还包括经冷冻、腌制等程序以及综合利用的加工产品，如利用水产动植物制成的油脂、胶类、维生素、激素等蛋白质水鲜产品。”也就是说，海水产品产量不仅包括养殖海水产品和捕捞海水产品，还包括这些海水产品经过加工后所形成的维生素、胶类等产品，而加工过程中会有损耗，如从海水产品中提取DHA，需要消耗大量的海水产品才能得到1克的DHA，这也就会使海水产品产量≤天然海水产品产量+养殖海水产品产量。

第二，海水产品产量是决定于供给还是需求呢？如果决定于供给，那么海水产品产出模型应该从供给的影响因素考虑，包括生产技术水平、生产要素的数量和质量、生产要素的利用广度和深度等，如从业人员数量、从业人员技能水平、机捕捞船只类型、捕捞船只数量、柴油补贴、海洋捕捞资源丰裕度、生产周期等。如果决定于需求，那么海水产品产出模型应该从需求角度考虑，包括消费者收入水平、收入结构、消费水平、消费结构、消费者偏好、海水产品价格、消费物价水平、替代品价格、替代品产出量、互补品价格、互补品产出量等。

第三，海水产品包括天然海水产品与养殖海水产品以及它们的加工物。那么，决定天然海水产品产出与决定养殖海水产品产出的因素一样吗？天然海水产品、养殖海水产品之间是否存在竞争关系？当天然海水产品价格上涨，养殖海水产品需求量是否相应增加？这种增加是否会影响到养殖海水产品的供给？是短期影响还是长期影响？同时，对于DHA等高价值海水产品提纯物的需求增加，是否会影响到天然海水产品的产出量和养殖海水产品的产出量？影响是怎样的？是正向影响还是负向影响？

第四，海水产品包括鱼、虾、蟹等，某年的海水产品产出的增加或减少是由于什么原因造成的呢？是偶发因素造成的还是长期性、系统性原因导致的？是天然海水产品减少导致的还是捕捞海水产品减少导致的？抑或是天然海水产品和捕捞海水产品都增加的情况下，更多被用于中间产品消耗掉了呢？

第五，海水养殖多是将产量相对较高而经济价值相对较低的小鱼（虾、蟹）做饲料养殖培育产量相对较低而经济价值相对较高的经济鱼类。在养殖过程中，从产量角度看，1 吨的饲料鱼（虾、蟹等）无法养出 1 吨或者高于 1 吨的更高价值的经济鱼类。就产量而言，海水养殖会有产量减少效应。那么，从增加海水产品产量角度看，是否应该尽可能减少海水养殖呢？

第六，天然海水产品产量和养殖海水产品产量均是海水产品产量的构成部分。将养殖海水产品产量 X_1 和天然海水产品产量 X_2 作为海水产品产量 Y 的解释变量，养殖海水产品产量 X_1 和天然海水产品产量 X_2 前的系数 β_1 和 β_2 分别表示的是其他条件不发生变化，那么增加 1 单位的养殖海产产品产量或者增加 1 单位的天然海水产品产量时，海水产品产出总量会增加多少。从经济意义来看，其他条件不变，那么增加 1 单位的养殖海产产品产量或许就意味着增加 1 单位的海水产品总量，或者增加 1 单位的天然海水产品产量就意味着增加 1 单位的海水产品总量。这样的模拟很有可能丧失经济意义。

第七，构建海水产品产量模型，其经济意义在哪呢？是为了增加海水产品总产出，还是为了调节海水产品产出结构？如果是为了增加海水产品产出，那么养殖可能本身就是没有意义的，因为从产量角度来说，海水养殖产出物的产量一定小于投入物的产量。如果是为了调节海水产品产出结构，那么很可能海水养殖就是一种很好的选择，因为海水养殖可以将经济价值较低的海水产品转化为经济价值较高的海水产品，实现更高的附加价值，促进产业的转型升级和区域的经济增长。

第八，当我们没有对模型的经济意义有明确的认知时，那么模型很可能就成为“为模型而模型”的产物，对于实际经济问题的解释和解决无法起到该有的作用。

案例 2: GDP 等式问题

有学生想构建 GDP 模型，了解 GDP 的构成对 GDP 的影响。于是，构建如下模型：$Y=\beta_0+\beta_1X_1+\beta_2X_2+\beta_3X_3+u$。其中，$Y$、$X_1$、$X_2$、$X_3$ 分别表达国内生产总值、第一产业增加值、第二产业增加值、第三产业增加值。数据来自中国国家统计局《中国统计年鉴 2018》（http://www.stats.gov.cn/tjsj/ndsj/2018/indexch.htm）（表 1–3）。

表1–3　国内生产总值数据表

（单位：亿元）

年　份	国内生产总值	第一产业	第二产业	第三产业	年份	国内生产总值	第一产业	第二产业	第三产业
1978	3 678.7	1 018.5	1 755.2	905.1	1998	85 195.5	14 618.7	39 018.5	31 558.3
1979	4 100.5	1 259.0	1 925.4	916.1	1999	90 564.4	14 549.0	41 080.9	34 943.5
1980	4 587.6	1 359.5	2 204.7	1 023.4	2000	100 280.1	14 717.4	45 664.8	39 897.9

续　表

年　份	国内生产总值	第一产业	第二产业	第三产业	年份	国内生产总值	第一产业	第二产业	第三产业
1981	4 935.8	1 545.7	2 269.1	1 121.1	2001	110 863.1	15 502.5	49 660.7	45 700.0
1982	5 373.4	1 761.7	2 397.7	1 214.0	2002	121 717.4	16 190.2	54 105.5	51 421.7
1983	6 020.9	1 960.9	2 663.0	1 397.0	2003	137 422	16 970.2	62 697.4	57 754.4
1984	7 278.5	2 295.6	3 124.8	1 858.1	2004	161 840.2	20 904.3	74 286.9	66 648.9
1985	9 098.9	2 541.7	3 886.5	2 670.7	2005	187 318.9	21 806.7	88 084.4	77 427.8
1986	10 376.2	2 764.1	4 515.2	3 096.9	2006	219 438.5	23 317.0	104 361.8	91 759.7
1987	12 174.6	3 204.5	5 274.0	3 696.2	2007	270 232.3	27 788.0	126 633.6	115 810.7
1988	15 180.4	3 831.2	6 607.4	4 741.8	2008	319 515.5	32 753.2	149 956.6	136 805.8
1989	17 179.7	4 228.2	7 300.9	5 650.6	2009	349 081.4	34 161.8	160 171.7	154 747.9
1990	18 872.9	5 017.2	7 744.3	6 111.4	2010	413 030.3	39 362.6	191 629.8	182 038.0
1991	22 005.6	5 288.8	9 129.8	7 587.0	2011	489 300.6	46 163.1	227 038.8	216 098.6
1992	27 194.5	5 800.3	11 725.3	9 668.9	2012	540 367.4	50 902.3	244 643.3	244 821.9
1993	35 673.2	6 887.6	16 473.1	12 312.6	2013	595 244.4	55 329.1	261 956.1	277 959.3
1994	48 637.5	9 471.8	22 453.1	16 712.5	2014	643 974	58 343.5	277 571.8	308 058.6
1995	61 339.9	12 020.5	28 677.5	20 641.9	2015	689 052.1	60 862.1	282 040.3	346 149.7
1996	71 813.6	13 878.3	33 828.1	24 107.2	2016	743 585.5	63 672.8	296 547.7	383 365.0
1997	79 715	14 265.2	37 546.0	27 903.8	2017	827 121.7	65 467.6	334 622.6	427 031.5

当在 Eviews 中输入数据后，输入命令 $ls\ y\ c\ x_1\ x_2\ x_3$，按下回车键（Enter 键），即得到一个模型，暂且将它命名为 Eqution01，结果如表 1-4 所示。

表1-4 国内生产总值回归结果表

Dependent Variable: Y

Method: Least Squares

Sample: 1978 2017

Included observations: 40

Variable	Coefficient	Std. Error	t-Statistic	Prob.
C	0.245333	0.503946	0.486825	0.6293
X_1	0.999841	0.000114	8761.590	0.0000
X_2	1.000032	2.85E-05	35139.82	0.0000
X_3	1.000000	1.30E-05	77065.65	0.0000
R-squared	1.000000	Mean dependent var		189009.6
Adjusted R-squared	1.000000	S.D. dependent var		240370.8
S.E. of regression	1.437736	Akaike info criterion		3.658656
Sum squared resid	74.41504	Schwarz criterion		3.827544
Log likelihood	-69.17311	Hannan-Quinn criter.		3.719720
F-statistic	3.63E+11	Durbin-Watson stat		2.190612
Prob(F-statistic)	0.000000			

观察发现，在 1% 显著性水平下，该模型的参数 β_1、β_2、β_3 显著不为零，同时，模型拟合优度较高，可决系数达到 100%。因此，模型回归结果为 $Y=0.2453+0.9998X_1+1.0000X_2+1.0000X_3+u$。由此，平均来看，其他条件不变时，第一产业增加值增加 1 亿元，则国内生产总值增加 0.999 8 亿元；第二产业增加值增加 1 亿元，则国内生产总值增加 1 亿元；第三产业增加值增加 1 亿元，则国内生产总值增加 1 亿元。

那么，该模型有意义吗？

我们知道，在产业经济学中，我们将国民经济分为第一产业、第二产业、第三产业，并以此计算国内生产总值：国内生产总值 = 第一产业增加值 + 第二产业增加值 + 第三产业增加值。由此，国内生产总值等于第一、第二、第三产业增加值之和。对于这种等式关系，不适宜构建计量经济学模型。原因在于，计量经济模型反映的是变量和变量之间的依赖关系。

那么，计量经济学模型模拟或者反映的是怎样的变量之间的关系呢？

来看一幅变量关系图（图 1–3）：

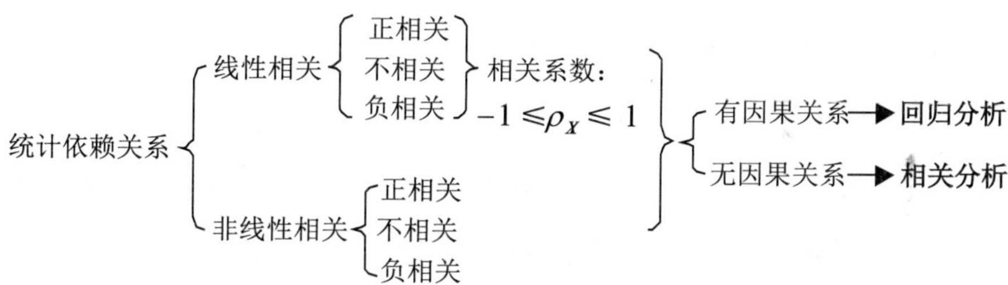

图1–3　变量关系图

在看这幅图之前，我们需要知道：变量是什么？变量有几种类型？变量之间的关系有哪些？哪些关系可以用计量经济模型表达？

首先，变量（variable）通俗地讲就是变化的量，其本质是具有变化特征的因素，或者是对某一特征的测量或度量。变量值即变量的特征或者数据，如表 1–5 所示。

表1-5　变量与变量值

变　量	变量值
身高	160 cm、175 cm、180 cm 等
体重	30 kg、40 kg、50 kg 等
学历	小学及以下、初中、高中、大学本科及以上
性别	男性、女性
交通方式	步行、公交、私家车等

很显然，身高、体重等变量的变量值的数学运算是有意义的。但是，性别等变量的变量值的数学运算可能是没有意义的。例如，当我们赋予女性 =1，男性 =0 时，1−0=1,1+0=1，结果“1”都是没有意义的；这里的“0”“1”等的赋值只表达类别不同。

在计量经济学中，以上身高、体重、学历、性别、交通方式等变量都是可以引入的。其中，只表达类别的变量，如学历、性别、交通方式等变量，称为虚拟变量。当虚拟变量位于模型的等式左边时，虚拟变量为被解释变量，模型为选择类模型，常用的选择模型有 Tobit 模型、Probit 模型等；当虚拟变量位于模型的等式右边时，虚拟变量作为解释变量，反映类别因素对被解释变量的影响。

这里，我们还需要区分解释变量与被解释变量。在初中时，我们已经开始接触自变量与因变量。给到一个圆面积函数 $y=\pi r^2$，其中，r 为圆半径，π 为圆周率，y 为圆面积。那么，我们知道，当圆半径发生变化时，圆面积也相应变化，变化路径为 $y=\pi r^2$。其中，圆半径 r 称为自变量

(independent variable)，圆面积y称为因变量 (dependent variable) 。从它们的英文来看，自变量的变化取决于自身；因变量的变化有依赖性，因变量的变化依赖自变量的变化。在计量经济学中，自变量更多被称为解释变量，因变量更多被称为被解释变量。需要注意的是，在分析经济现象和经济事实时，我们常常会发现，解释变量与被解释变量之间互为因果关系，类似数学中的方程组，如$\begin{cases} y = a + bx \\ x = c + dy \end{cases}$，在此种情况下，我们就不能用单一方程表达（俗称单方程模型），而应该用联立方程模型（类似方程组形式）表达。当然，这属于比较高级的部分。简单归整一下：解释变量用于解释被解释变量的变化，而被解释变量是被解释变量解释的变量。被解释变量的变化与解释变量的变化之间有着必然的联系，解释变量发生变化时，被解释变量必然发生变化。如果经济变量之间存在这种必然的联系，那么这种联系就是“因果关联”。计量经济模型的构建建立在被解释变量与解释变量存在必然因果关联的基础上。如果不存在这种必然的因果关联，我们就不能构建计量经济模型。

举例而言，我们可以通过使用宏观的消费数据和地区生产总值数据，构建地区生产总值关于消费的经济模型，因为消费通过消费乘数作用于地区经济增长；我们也可以构建消费关于地区生产总值的模型，因为地区生产总值表达收入，或者说地区生产总值表达消费函数中的预算约束，这样，我们就可以构建宏观的消费模型，研究消费受制于收入的可能性。

但我们不能构建地区生产总值关于某高校某个班级学生的身高或者体重等的经济模型，因为某高校某个班级的学生的身高或者体重数据发生变化时，宏观层面的地区生产总值并不会必然发生变化。举例而言，当班级新转入一个学生时，其身高或体重数据较全班学生的平均值高或低，地区生产总值不会随着这名新学生的转入而必然增大或者缩小。

但如果将地区层面的生产总值数据与某高校某班级学生的身高或者体重数据进行匹配，进行相关性分析时，会有相关系数吗？答案是肯定的。两者之间相关系数为零的概率基本为零。因为相关性分析平等地对待两个变量，并不会进行变量的区分，也就是说，相关性分析不会区分哪个变量是解释变量，哪个变量是被解释变量，只是单纯地分析两列数据的相关系数，其计算方法为 $r(X,Y)=\frac{Cov(X,Y)}{\sqrt{Var[X]Var[Y]}}$。其中，$Cov(X,Y)$ 为 X 序列与 Y 序列的协方差，$Var[X]$ 为 X 序列的方差，$Var[Y]$ 为 Y 序列的方差。而只要 X、Y 数据序列是变化的，那么相关系数就存在，两者之间就有相关性，只是相关性是较强还是较弱的问题。

那么，变量之间的关系有哪些呢？

变量间的关系有两种：一种是类似圆面积函数 $y=\pi r^2$。当圆半径 r 发生变化时，圆面积也唯一确定，这种关系成为函数关系。另一种是统计依赖关系。当解释变量发生变化时，被解释变量发生变化，但并不能唯一确定，类似农作物产出模型，当我们给定耕种面积、光照、温度、湿度、施肥量、精耕细作程度等时，我们仍然不能唯一确定农作物产出量，只能进行大致估算：实际产出会以多大的概率落入以估算值为中心的一个区间。函数关系不需要采用计量经济模型进行模拟，因为自变量确定时，因变量已被唯一确定。因此，我们模拟的是变量间的统计依赖关系，确切地说，是存在因果关系的变量间的统计依赖关系。这种模拟我们称之为回归分析 (regression analysis)。其目的是通过解释变量的变化，估算被解释变量的变化。

由此，案例 2 的模型不能用于计量经济模拟，因为本身是函数关系，国内生产总值 = 第一产业增加值 + 第二产业增加值 + 第三产业增加值。

第二章　选题：文献和文献的作用

按照研究目的不同，通常我们将社会科学研究分为三种：探索性研究（exploratory study）、描述性研究（descriptive study）和解释性研究（explanatory study）。三者之间是层层递进的关系。其中，探索性研究是前期研究，如我们想知道遥远的外太空是否有人类的存在，遥远的外太空存在人类的可能性多大。描述性研究是探索性研究的下一步，如我们可以清楚地描述某经济社会当前供不应求的供求缺口的大小，供求缺口已经持续的时长，供求缺口发生后经济政策的实行对供求缺口的扩大是否有缓解，缓解了多少，等等。解释性研究是描述性研究的下一步，了解到供求缺口发生的广度和深度之后，我们非常想知道供求缺口是怎样发生的；哪些因素通过哪些路径制约了供给，哪些因素又通过哪些路径影响了需求，最后形成了供求缺口；当前的经济政策以何种方式影响了供给和需求，从而缓解了供求缺口的扩大，这种缓解是短暂性的还是长期性的；作用路径是怎样的；等等。简言之，探索性研究、描述性研究、解释性研究三者之间的关系类似“What is the problem？→ How to describe it？→ How to explain it？”当然，如果我们完全不知道哪些因素通过哪些路径影响到了供求，导致供求缺口，这时候我们就需要探索发现可能的因素，这时候我们的研究也是探索性的；当我们确定了可能的影响因素和影响方式、影响路径时，采用适当的方法去验证我们的想法，这时就是解释性研究了。一般而言，探索性研究多采用定性方法，而描述性研究和解释性研究多采用定量方法。

了解了社会科学的三种研究目的之后，我们来说研究问题。研究问题不是文章的主题词，也不一定是文章的题目，但我们往往可以通过文章的题目或者文章的主题词清楚地知道文章在研究什么问题，也就是文章的研究问题。文章的研究问题往往出现在文章的“文献综述”之后。这是为什么呢?

来看一个例子：

对中国国内市场机制有效性的思辨始于 Young（2000），其主要研究思想为“中国的地方政府为了巩固既得利益，违背了资源配置的规律，人为地扭曲了地方经济。而原有的扭曲进一步又造成了进一步的扭曲，最终改革非但没有促进国内市场的整合，反而加剧了区域市场的分割”。现今，中国国内市场机制有效性方面的研究已颇为丰富。从横向角度的研究看，喻闻等（1998）❶、武拉平（1999❷；2002❸）、Park 等（2002）❹、孙顶强等（2005）❺对中国大米、小麦、玉米、生猪、木材等产品市场的研究发现，中国国内产品市场短期整合程度不高，而长期整合关系成立，长期来看，中国国内市场是统一的、有效的。但同时，Young（2000❻）对中

❶ 喻闻，黄季焜．从大米市场整合程度看我国粮食市场改革[J]．经济研究，1998（3）：50-57.

❷ 武拉平．我国小麦、玉米和生猪收购市场整合程度研究[J]．中国农村观察，1999（4）：23-29，38.

❸ 武拉平．中国农产品市场行为研究[M]．北京：中国农业出版社，2002.

❹ Park A, Jin H, Rozelle S, et al. Market Emergence and Transition: Arbitrage, Transaction Costs, and Autarky in China's Grain Markets[J]. American Journal of Agricultural Economics, 2002, 84(1): 67-68.

❺ 孙顶强，徐晋涛．从市场整合程度看中国木材市场效率[J]．中国农村经济，2005（6）：37-45.

❻ Young A. The razor's edge:distortions and incremental reform in the People's Republic of China[J]. The Quarterly Journal of Economics, 2000, 115(4): 1091-1135.

国大米市场等的研究表明，由于贸易壁垒、运力不足、政府干预等，转型期的中国国内市场分割日益严重，市场整合程度下降，这样的市场不能被称为统一、良好的有效市场。从纵向的研究看，中国国内市场生产—消费环节间存在显著的价格传导效应，但同期贺力平等人（2008）❶的研究表明，中国国内市场生产—消费环节间不存在显著的传导效应，存在显著的倒逼效应。徐伟康（2010）❷对贺力平等人的研究数据的再研究则表明，中国国内市场生产—消费环节间既存在显著的倒逼效应又存在显著的传导效应，并且这种结论在长期内和短期内皆成立。贺力平等人（2010）❸在徐伟康的研究的基础上进行的再研究发现，中国国内市场生产—消费环节间不存在协整关系。张成思（2010）❹在贺力平等人的研究的基础上新加入中间环节（流通过程）的研究则表明，中国生产—流通—消费环节间存在传导效应；消费—流通、流通—生产环节存在倒逼效应；生产—流通环节不存在传导效应。这不符合“整体价格水平的波动一般先出现在生产领域，然后通过产业链向中下游扩散，最后传导到消费品领

❶ 贺力平，樊纲，胡嘉妮．消费者价格指数和生产者价格指数：谁带动谁？[J]．经济研究，2008(11):16–26.

❷ 徐伟康．对《消费者价格指数与生产者价格指数：谁带动谁？》一文的质疑[J]．经济研究，2010(5):139–148.

❸ 贺力平，樊纲，胡嘉妮．消费者价格指数与生产者价格指数：对徐伟康商榷文章的回复意见[J]．经济研究，2010(5):149–154.

❹ 张成思．长期均衡、价格倒逼与货币驱动——我国上中下游价格传导机制研究[J]．经济研究，2010(6):42–52.

域”的价格传导基本规律”❶那么，中国国内市场整合程度究竟如何呢？是统一的、有效的，还是其分割日益严重？市场间是否存在传导效应和倒逼机制？我们有这样的疑问时，就发现了可以研究的问题点。问题点要如何展开呢？这就需要在前人研究的基础上，整理前人研究，包括研究背景、研究方法、研究问题、研究数据、研究路径等；比较前人研究的异同点，分析出哪些研究得出了一致性结论，哪些研究得出的结论不一致，一致或不一致的前人研究的研究假设是否存在差异，前人研究所依据的理论是否存在差异，这些理论有怎样的异同，为什么会产生这种异同。

如果我们将前人研究用树形图来表示的话，那么对于某一个经济现象或者经济事实的诸多研究关联在一起就呈现出一片森林，地下盘根交错，地上枝丫交织，而每棵树又都是一个独立的个体。如大树一样，每个研究从树根到大树枝再到小树枝，即是研究脉络或研究路径。每棵树的树枝的分叉点、树与树之间的枝丫交错点或者树根与树根的交错点，都会是一个一个的问题点。其中，枝丫（或树根）密集的地方就是研究的热点，而枝丫稀少的地方就是研究的冷僻点。不管是对于热点的研究还是对于冷僻点的研究，都会形成研究问题。而正是对于这一个个问题点的深入研究，一次次的质疑和发现，推动着科学研究的不断深入，让我们对于身处的世界的认知深度与广度逐渐增强。当然，我们对于世界的认知深度和广度一点点增强时，我们发现的问题点会越来越多，这些

❶ 杨美丽．从农产品价格关系看中国国内商品市场有效性[M]．北京：中国农业出版社，2013:1.

问题点引导我们在追寻真理的路上一直向前。

研究问题通常会清晰地出现在摘要中。对于一篇文章而言，摘要用最简明的语言概括全文的中心。在一篇 200 ～ 300 字的摘要中，作者一定会极力突出自己的研究问题、研究背景、研究方法、研究数据、研究结果、研究路径等，突出文章的研究价值，以方便读者快速浏览。关注某一问题的研究的研究者也能快速地从摘要中发现最新的研究趋向、争议点，这为研究者的进一步研究奠定了基础。下面来看三篇摘要。

摘要 1：

研究目标——探究中国普惠金融的区域差异及分布动态演进趋势。研究方法——运用 2005—2017 年中国 31 个省份的数据编制普惠金融指数，运用 Dagum 基尼系数分解与扩展的分布动态学模型考察中国普惠金融的区域差异及分布动态演进。研究发现——中国普惠金融的发展整体上处于较低水平，且存在明显的区域差异和俱乐部收敛特征；全国普惠金融发展水平整体上呈小幅下降趋势，与中东部地区相比，西部地区发展速度较快；东部地区多极分化现象明显，中部和西部地区多极分化逐渐消失。研究创新——考虑了空间效应对普惠金融分布动态演进的影响，运用扩展的分布动态学模型进行研究。研究价值——为今后制定更有针对性的发展战略及相关政策提供了理论依据和决策参考。[1]

摘要 2：

在现有的农地产权制度的约束下，依赖于土地规模经济的机械化目

[1] 沈丽，张好圆，李文君．中国普惠金融的区域差异及分布动态演进 [J]. 数量经济技术经济研究，2019(7):62-80.

标在中国短期内难以实现。发展建立在分工经济基础上的农机社会化外包服务是突破中国农户家庭经营的局限性、推进农业机械化发展的有效途径。本文从农地“三权分置”的改革入手，基于农地产权细分与生产环节分工的理论分析，借助2016年中国劳动力动态调查的全国农村数据，采用IV ordered probit等计量方法，从农业机械获取方式和农业机械化程度两个角度，分析了土地确权对农户农业机械化选择的影响。研究发现——新一轮的土地确权通过对农地经营权的进一步明确与细分，减少了纵向分工的交易费用，进而影响了农户对农业机械外包方式的选择，与此同时，进一步提升了农户在实际生产中的农业机械化程度；另外，从横向分工对纵向分工产生影响的角度分析可知，土地确权对农业机械化选择的影响与农地经营规模和统一种植规划的调节作用有关。❶

摘要3：

在不完全竞争的劳动力市场中，劳动者工资取决于劳动者的工资议价能力。因而，有效测度劳动者的工资议价能力有助于识别影响劳动者工资的因素和理解劳动者的工资决定机制。借助讨价还价模型，从理论上构建一个可以有效分析单个劳动者与企业进行工资议价的框架，在此基础上提出一个可以有效测度劳动者工资议价能力的方法；此外，以中国微观企业数据为样本，分析开放经济条件下的贸易政策稳定性对劳动者工资议价能力的影响。研究结果表明，更稳定的贸易政策提升了劳动者的工资议价能力，这意味着贸易政策稳定性是影响劳动者工资的重要

❶　李宁，汪险生，王舒娟，等．自购还是外包：农地确权如何影响农户的农业机械化选择？[J]．中国农村经济，2019(6):54-75.

因素。这一结论有助于深化认识开放经济体系中劳动者的工资决定机制。[❶]

三篇摘要虽然格式不同，但都清晰地表明了研究问题。摘要 1 的研究是探索性研究和描述性研究相结合，其研究问题是“中国普惠金融的区域差异及分布动态演进趋势”。摘要 2 的研究的研究问题是“土地确权对农户农业机械化选择的影响”，摘要 3 的研究的研究问题是“开放经济条件下的贸易政策稳定性对劳动者工资议价能力的影响”。

一般而言，一篇研究性论文只集中于一个研究问题，它类似于初高中时我们学习的议论文，一篇议论文只有一个中心论点，在严密的论证下，中心论点被展开为分论点，所有的论据都是通过支撑分论点进而支撑中心论点。经济论文写作同样如此。我们必须说明我们的研究是基于怎样的背景，采用怎样的方法和数据，研究了怎样的经济问题，得出了怎样的研究结论，该研究结论的提出对于怎样的现实问题或理论问题的解决有着怎样的研究价值或意义等。这里，我们所研究的经济问题就是文章的研究问题，类似于议论文的中心议题。对于研究问题的展开，有很多的研究假说，类似于论文的分议题。当我们运用经验、论证等逐步完成研究假说的验证时，我们就逐步完成了对于研究问题的论证。这样的前提是我们的研究假说的设定是正确的，研究假说之间丝丝相扣，层层递进。我们沿着一条怎样的脉络将研究问题分解为一个一个的研究假说，这就是研究路径，类似于议论文的论证过程。

应该说，正是因为现有研究存在不足，才有新的研究问题的提出和

❶ 谢申祥，陆毅，蔡熙乾．开放经济体系中劳动者的工资议价能力 [J]．中国社会科学，2019(5):40–59.

新的研究的展开。当然，这里的“新”不一定是“全新”。那么，“新的研究问题”或“新的研究”指的是什么呢？它们是指新背景下的老问题、新背景引发的新问题、新问题或老问题研究中的争议点、违背常理的异常经济现象或者经济事实。

接下来我们谈谈怎样的研究问题是好的研究问题。首先，研究问题必须是有意义的。所谓有意义，指的是研究的深入有助于解决现实经济问题或者有助于拓展现有经济理论。其次，研究问题必须是能够把握的。我们选取了一个较为宽泛的研究问题时，往往会由于对于经济问题的把握不够全面、不够深入而难以对其进行深入研究。我们即便有非常全面系统的数据，也会因为对问题缺乏了解而沦为数据的傀儡，难以透过数据发现经济现象的本质。最后，研究问题涉及的范围不能太窄。我们的研究问题涉及的范围太窄时，往往会丢失研究的一般性，这样我们就难以发现普遍规律；可能由于研究问题涉及的范围太窄，我们研究时无法找到准确的数据。

让我们来看几个选题：

（1）当前全球经济形势分析。

（2）储蓄的经济概念是什么？

（3）中国“三农问题”研究。

（4）楼下某只猫咪今天吃了一只小鸟。

（5）贸易开放对某细分产业的影响分析。

很显然，对于选题（2），储蓄的定义已经有明确的经济理论界定；选题（4）是一种事实描述，不存在争议性，也没有太大的经济意义；选题（3）对于一般的本科同学而言，太宽泛，难以准确把握；选题（5）相对恰当，有研究意义，涉及的范围宽窄相对适宜，但如果缺乏某细分产业的研究数据，那么我们对选题（5）就难以进行深入研究，这个选题不能算是一个好的研究选题，只能留待以后研究。

最后，我们怎样获得选题灵感呢?

你如果是一个经济研究者，长期关注某一个经济问题，保持着对该经济问题的跟踪研究和对同行研究者的研究的关注，寻找研究问题就不需要费太大力。但是，你如果是一个初学者，可以用哪些方法获得选题灵感呢?

一是善于观察经济现象和经济事实。当我们发现某经济现象和经济事实难以用现有的经济理论解释时，我们就发现了异常经济现象。对于异常现象是否异常的探寻和对于异常现象的发生原因等的探究很可能就会成为新的研究问题。

二是跟踪前人研究。我们确立了感兴趣的研究方向，整理、梳理前人研究文献时，会发现前人的研究有很多不足；或者虽然前人的研究好，但是研究背景改变了，旧的问题需要新的破解途径；或者全新的经济背景下产生的全新的经济现象需要解释和规制；或者前人的研究有非常多的争执点，而这些争执点刚好是我们感兴趣的、能够把握的，同时有相关数据支撑的。

三是关注学科前沿动态。每年都会有大量的经济学术会议召开。在会议上，学者们会从各个角度对大会主题进行深入探讨和交流。而交流是思想的源泉，我们往往在交流的过程中会产生很多灵感，这些灵感可能会转化为未来的研究课题。

四是向周边人士学习。三人行，必有我师。由于学科背景、人生阅历等的不同，不同的人对于同一个经济现象、经济事实的看法也各有不同。在观察和交流的过程中，周边人的看法、说法可能会带给我们新的研究思路和新的研究想法，这为个人研究的全面和深入提供了新的途径和契机，或许会开辟一个新的研究方向。

下面我们来讲两个案例。

案例 3：能源消费与经济增长

石油危机后，能源问题为人们所热议。我国能源资源丰富，但人均能源占有量较低。结合当前绿色消费、节能减排的经济背景，有同学查阅了相关资料，建立了能源消费模型，以观察能源消费需求的影响因素，为完善能源消费结构等提供相关建议。模型为 $Y=\beta_0+\beta_1X_1+\beta_2X_2+u$。其中，$Y$ 是能源消费总量，表示能源消费需求；X_1 是石油消费与煤炭消费总量，表示传统能源消费需求；X_2 是水电、核电、风电消费总量和石油与煤炭消费总量的比值，表示新兴能源对传统能源的替代，反映能源消费的结构变化。如表 2–1 所示。

表2-1　能源消费需求与能源消费结构数据表

单位：万吨标准煤

年份	能源消费总量 Y	石油消费总量	煤炭消费总量	石油消费总量＋煤炭消费总量 X_1	水电、核电、风电消费总量	水电、核电、风电消费总量/(石油消费总量＋煤炭消费总量) X_2
2000	146 964	32 332.08	100 670.34	133 002.42	10 728.37	0.080 662 968
2001	155 547	32 975.96	105 771.96	138 747.92	13 065.95	0.094 170 421
2002	169 577	35 611.17	116 160.25	151 771.42	13 905.31	0.091 620 082
2003	197 083	39 613.68	138 352.27	177 965.95	14 584.14	0.081 949 047
2004	230 281	45 825.92	161 657.26	207 483.18	17 501.36	0.084 350 741
2005	261 369	46 523.68	189 231.16	235 754.84	19 341.31	0.082 039 928
2006	286 467	50 131.73	207 402.11	257 533.84	21 198.56	0.082 313 687
2007	311 442	52 945.14	225 795.45	278 740.59	23 358.15	0.083 798 883
2008	320 611	53 542.04	229 236.87	282 778.91	26 931.32	0.095 238 078
2009	336 126	55 124.66	240 666.22	295 790.88	28 570.71	0.096 590 909
2010	360 648	62 752.75	249 568.42	312 321.17	33 900.91	0.108 545 028
2011	387 043	65 023.22	271 704.19	336 727.41	32 511.61	0.096 551 718
2012	402 138	68 363.46	275 464.53	343 827.99	39 007.39	0.113 450 304
2013	416 913	71 292.12	280 999.36	352 291.48	42 525.13	0.120 710 072
2014	425 806	74 090.24	279 328.74	353 418.98	48 116.08	0.136 144 584
2015	429 905	78 672.62	273 849.49	352 522.11	52 018.51	0.147 560 986
2016	435 818.63	79 788	270 320	350 108	57 988	0.165 628 892

注：数据来自中国国家统计局 http://data.stats.gov.cn/easyquery.htm?cn=C01&zb=A070E&sj=2018

在 Eviews 软件中新建一个工作表，并将以上能源消费需求 Y、传统能源消费需求 X_1、能源消费结构变化 X_2 数据输入 Eviews 工作表，然后输入命令 ls Y C X_1 X_2，回车得到模型结果。结果如表 2-2 所示。

表2-2　能源消费需求 Y 回归结果表

Dependent Variable: Y

Method: Least Squares

Sample: 2000 2016

Included observations: 17

Variable	Coefficient	Std. Error	t-Statistic	Prob.
C	-50847.09	1824.682	-27.86627	0.0000
X_1	1.143333	0.007446	153.5540	0.0000
X_2	524400.8	23532.65	22.28397	0.0000

R-squared	0.999750	Mean dependent var	310219.9
Adjusted R-squared	0.999714	S.D. dependent var	101555.1
S.E. of regression	1717.556	Akaike info criterion	17.89398
Sum squared resid	41299961	Schwarz criterion	18.04101
Log likelihood	-149.0988	Hannan-Quinn criter.	17.90859
F-statistic	27961.65	Durbin-Watson stat	1.654339
Prob(F-statistic)	0.000000		

我们观察回归结果可以发现，能源消费结构变化 X_2 与传统能源消费需求 X_1 对能源消费总量 Y 均有显著影响。

我们关注更多的往往是现有传统能源消费量提升 1 个百分点的时

候，能源消费总量会发生几个百分点的变动，也就是能源消费总量关于传统能源消费的弹性，而不是平均来看分析期间传统能源消费增加1万吨标准煤的时候，能源消费总量增加多少。因此，我们将模型转换为 $\ln Y = \beta_0 + \beta_1 \ln X_1 + \beta_2 X_2 + u$ ，重新进行能源消费需求 Y 关于传统能源消费需求 X_1 、能源消费结构变化 X_2 的回归模拟。改进结果如表 2-3 所示。

表2-3　能源消费需求 Y 回归结果表

Dependent Variable: ln$Y$

Method: Least Squares

Sample: 2000 2016

Included observations: 17

Variable	Coefficient	Std. Error	t-Statistic	Prob.
C	−0.217370	0.036800	−5.906719	0.0000
lnX_1	1.017610	0.003168	321.1993	0.0000
X_2	1.297740	0.043036	30.15465	0.0000
R-squared	0.999927	Mean dependent var		12.58521
Adjusted R-squared	0.999917	S.D. dependent var		0.372925
S.E. of regression	0.003395	Akaike info criterion		−8.374457
Sum squared resid	0.000161	Schwarz criterion		−8.227420
Log likelihood	74.18289	Hannan-Quinn criter.		−8.359842
F-statistic	96542.11	Durbin-Watson stat		1.083420
Prob(F-statistic)	0.000000			

有同学进一步注意到传统能源消费主要包含石油能源消费和煤炭能

源消费，但两者之间可能存在替代关系，我们将模型结构进一步转换为 $\ln Y=\beta_0+\beta_1\ln X_1+\beta_2(X_2/X_1)+\beta_3X_3+u$，其中，$Y$是能源消费总量，表示能源消费需求；$X_1$是石油消费总量，$X_2$表示煤炭消费与石油消费之间可能的替代关系；$X_3$表示水电、核电、风电消费总量和石油与煤炭消费总量的比值，表示新兴能源对传统能源的替代，反映能源消费的结构变化。我们重新进行能源消费需求与能源消费结构之间关系的模拟，结果如表 2-4 所示。

表2-4　能源消费需求 Y 模型回归结果表

Dependent Variable: $\ln Y$

Method: Least Squares

Sample: 2000 2016

Included observations: 17

Variable	Coefficient	Std. Error	t-Statistic	Prob.
C	0.290363	0.076934	3.774202	0.0023
$\ln X_1$	1.049381	0.009245	113.5092	0.0000
X_2/X_1	0.201987	0.004224	47.82271	0.0000
X_3	1.021640	0.099202	10.29854	0.0000

R-squared	0.999945	Mean dependent var	12.58521
Adjusted R-squared	0.999933	S.D. dependent var	0.372925
S.E. of regression	0.003059	Akaike info criterion	-8.539209
Sum squared resid	0.000122	Schwarz criterion	-8.343159
Log likelihood	76.58328	Hannan-Quinn criter.	-8.519722
F-statistic	79267.09	Durbin-Watson stat	1.403525
Prob(F-statistic)	0.000000		

有同学进一步观察发现，分析期间，如果能源消费总量 Y 与传统能源消费需求 X_1 总体上呈线性关系，那么，能源消费总量 Y 与表达煤炭能源消费与石油能源消费替代关系的变量 X_2、表达新兴能源对传统能源替代关系的变量 X_3 间的关系一定不是线性的（图 2-1）。因此，虽然表 2-4 中调整后的 R^2 达到 99.99%，表达传统能源消费需求的变量 X_1、表达煤炭能源消费与石油能源消费间替代关系的变量 X_2、表达新兴能源与传统能源之间替代关系的变量 X_3 前的系数均显著不为零，但是，该模型仍然是不能用的。我们需要将模型中能源消费总量 Y 与 X_2、X_3 间的关系转换为线性关系，然后才能进行模型的模拟、结果分析以及应用。对于非线性模型的线性化问题，即如何将非线性模型转化为线性模型的问题，我们将在后续章节专门进行讨论。

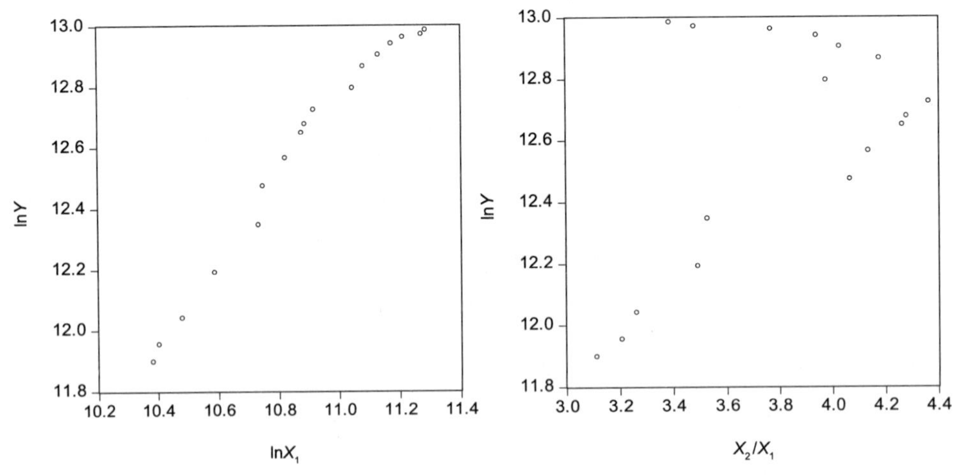

图 2-1　能源消费总量 Y 与变量 X_2、变量 X_3 关系图

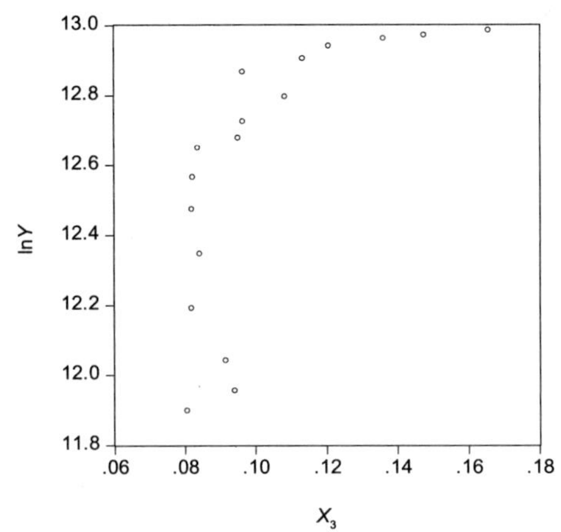

图 2-1　能源消费总量 Y 与变量 X_2、变量 X_3 关系图（续）

也有同学进一步发现，由于分析期限较短，模型中能源消费总量 Y 与表达煤炭能源消费与石油能源消费间替代关系的变量 X_2、表达新兴能源与传统能源之间替代关系的变量 X_3 间的非线性关系有可能是经济的短期表现，可能需要等待长时期数据的检验等等。

案例 4：结构转变与经济增长

我们知道，经济结构的转换是驱动经济增长的一种因素。那么，经济结构的转换在经济增长中的作用如何呢？有同学查阅相关文献，采用国内生产总值数据、第一产业增加值、第二产业增加值、第三产业增加值数据构建经济增长模型，研究经济结构转换对我国经济增长的作用。模型如下：$Y=\beta_0+\beta_1X_1+\beta_2(X_2/X_1)+\beta_3(X_3/X_2)+u$，其中，$Y$ 表示国内生产总值，表达经济发展水平；X_1 表示第一产业增加值；X_2 表示第二产业增加值；X_2/X_1 表达第二产业相对于第一产业的发展水平；X_3/X_2 表达第三产业相对于第二产业的发展水平，与 X_2/X_1 一起，表达经济发展过程中的结构转换。模型的原始数据见表1–3。由于表1–3的数据为名义数据，根据计量经济学模型对于数据的要求，我们需要结合国内生产总值指数，将名义数据全部转换为实际数据。数据来源于中国国家统计局网站。其中，国内生产总值（当年价格）来自 http://www.stats.gov.cn/tjsj/ndsj/2018/indexch.htm，国内生产总值指数（1978=100）数据来自 http://www.stats.gov.cn/tjsj/ndsj/2018/html/CH0305.jpg。

表2–5　国内生产总值指数（1978=100）

年份	国内生产总值	第一产业	第二产业	第三产业	年份	国内生产总值	第一产业	第二产业	第三产业
1978	100	100	100	100	1998	650.8	262	905.5	799.3
1979	107.6	106.1	108.2	107.8	1999	700.7	269.2	979.7	873.3
1980	116	104.6	122.8	114.4	2000	762	275.4	1 072.6	958.6
1981	122	111.9	125.1	125.3	2001	823.6	282.7	1 163.6	1 057
1982	132.9	124.8	132.1	141.2	2002	898.8	290.3	1 278.8	1 167.8
1983	147.3	135.1	145.8	161.9	2003	989	297.2	1 440.8	1 279.2
1984	169.6	152.6	166.9	193.3	2004	1 089	315.4	1 601.3	1 408.7
1985	192.4	155.4	197.6	228.3	2005	1 213.1	331.4	1 795.6	1 582.8
1986	209.6	160.5	217.8	256.4	2006	1 367.4	347.1	2 037.1	1 806.5
1987	234.1	168.1	247.4	294	2007	1 562	359.3	2 343.7	2 096.8
1988	260.4	172.3	282.8	332.7	2008	1 712.8	377.9	2 574.3	2 316.5
1989	271.3	177.6	293.4	352.5	2009	1 873.8	393	2 839.2	2 538.6
1990	281.9	190.7	302.8	361.6	2010	2 073.1	409.7	3 199.3	2 784
1991	308.1	195.2	344.5	394.8	2011	2 270.8	426.8	3 541.3	3 048.2

（续　表）

年　份	国内生产总值	第一产业	第二产业	第三产业	年　份	国内生产总值	第一产业	第二产业	第三产业
1992	351.9	204.2	416.9	444.6	2012	2 449.2	445.9	3 837.5	3 292.4
1993	400.7	213.7	499.3	498.7	2013	2 639.2	462.9	4 144	3 565.7
1994	453	222.2	589.8	555.4	2014	2 831.8	481.7	4 450.4	3 844.1
1995	502.6	233.1	671.4	611.4	2015	3 027.2	500.5	4 726.2	4 159.2
1996	552.5	244.9	752.6	667.7	2016	3 230.6	516.9	5 022.2	4 479.2
1997	603.5	253.3	831.4	737.4	2017	3 452.1	537.2	5 328.9	4 835.4

首先，将表 2–5 国内生产总值指数（1978=100）转换为表 2–6 国内生产总值指数（1978=1）。

表2–6　国内生产总值指数（1978=1）

年　份	国内生产总值	第一产业	第二产业	第三产业	年　份	国内生产总值	第一产业	第二产业	第三产业
1978	1	1	1	1	1998	6.508	2.62	9.055	7.993
1979	1.076	1.061	1.082	1.078	1999	7.007	2.692	9.797	8.733
1980	1.16	1.046	1.228	1.144	2000	7.62	2.754	10.726	9.586
1981	1.22	1.119	1.251	1.253	2001	8.236	2.827	11.636	10.57
1982	1.329	1.248	1.321	1.412	2002	8.988	2.903	12.788	11.678
1983	1.473	1.351	1.458	1.619	2003	9.89	2.972	14.408	12.792
1984	1.696	1.526	1.669	1.933	2004	10.89	3.154	16.013	14.087
1985	1.924	1.554	1.976	2.283	2005	12.131	3.314	17.956	15.828
1986	2.096	1.605	2.178	2.564	2006	13.674	3.471	20.371	18.065

（续 表）

年 份	国内生产总值	第一产业	第二产业	第三产业	年 份	国内生产总值	第一产业	第二产业	第三产业
1987	2.341	1.681	2.474	2.94	2007	15.62	3.593	23.437	20.968
1988	2.604	1.723	2.828	3.327	2008	17.128	3.779	25.743	23.165
1989	2.713	1.776	2.934	3.525	2009	18.738	3.93	28.392	25.386
1990	2.819	1.907	3.028	3.616	2010	20.731	4.097	31.993	27.84
1991	3.081	1.952	3.445	3.948	2011	22.708	4.268	35.413	30.482
1992	3.519	2.042	4.169	4.446	2012	24.492	4.459	38.375	32.924
1993	4.007	2.137	4.993	4.987	2013	26.392	4.629	41.44	35.657
1994	4.53	2.222	5.898	5.554	2014	28.318	4.817	44.504	38.441
1995	5.026	2.331	6.714	6.114	2015	30.272	5.005	47.262	41.592
1996	5.525	2.449	7.526	6.677	2016	32.306	5.169	50.222	44.792
1997	6.035	2.533	8.314	7.374	2017	34.521	5.372	53.289	48.354

然后，运用国内生产总值名义值（当年价）数据除以国内生产总值指数（1978=1），得到国内生产总值实际值（1978 年价）数据（表 2–7）。

表2–7　国内生产总值及其构成：名义值与实际值　　单位：亿元

年份	国内生产总值（当年价）	第一产业（当年价）	第二产业（当年价）	第三产业（当年价）	国内生产总值（1978年价）	第一产业(1978年价）	第二产业（1978年价）	第三产业（1978年价）
1978	3 678.7	1 018.5	1 755.2	905.1	3 678.7	1 018.5	1 755.2	905.1
1979	4 100.5	1 259.0	1 925.4	916.1	3 810.873 606	1 186.6	1 779.5	849.8
1980	4 587.6	1 359.5	2 204.7	1 023.4	3 954.827 586	1 299.7	1 795.4	894.6

（续　表）

年份	国内生产总值（当年价）	第一产业（当年价）	第二产业（当年价）	第三产业（当年价）	国内生产总值（1978年价）	第一产业(1978年价）	第二产业（1978年价）	第三产业（1978年价）
1981	4 935.8	1 545.7	2 269.1	1 121.1	4 045.737 705	1 381.3	1 813.8	894.7
1982	5 373.4	1 761.7	2 397.7	1 214.0	4 043.190 369	1 411.6	1 815.1	859.8
1983	6 020.9	1 960.9	2 663.0	1 397.0	4 087.508 486	1 451.4	1 826.5	862.9
1984	7 278.5	2 295.6	3 124.8	1 858.1	4 291.568 396	1 504.3	1 872.3	961.3
1985	9 098.9	2 541.7	3 886.5	2 670.7	4 729.158 004	1 635.6	1 966.9	1 169.8
1986	10 376.2	2 764.1	4 515.2	3 096.9	4 950.477 099	1 722.2	2 073.1	1 207.8
1987	12 174.6	3 204.5	5 274.0	3 696.2	5 200.598 035	1 906.3	2 131.8	1 257.2
1988	15 180.4	3 831.2	6 607.4	4 741.8	5 829.646 697	2 223.6	2 336.4	1 425.2
1989	17 179.7	4 228.2	7 300.9	5 650.6	6 332.362 698	2 380.7	2 488.4	1 603.0
1990	18 872.9	5 017.2	7 744.3	6 111.4	6 694.891 806	2 630.9	2 557.6	1 690.1
1991	22 005.6	5 288.8	9 129.8	7 587.0	7 142.356 378	2 709.4	2 650.2	1 921.7
1992	27 194.5	5 800.3	11 725.3	9 668.9	7 727.905 655	2 840.5	2 812.5	2 174.7
1993	35 673.2	6 887.6	16 473.1	12 312.6	8 902.720 24	3 223.0	3 299.2	2 468.9
1994	48 637.5	9 471.8	22 453.1	16 712.5	10 736.754 97	4 262.7	3 806.9	3 009.1
1995	61 339.9	12 020.5	28 677.5	20 641.9	12 204.516 51	5 156.8	4 271.3	3 376.2
1996	71 813.6	13 878.3	33 828.1	24 107.2	12 997.936 65	5 666.9	4 494.8	3 610.5
1997	79 715	14 265.2	37 546.0	27 903.8	13 208.782 1	5 631.7	4 516.0	3 784.1
1998	85 195.5	14 618.7	39 018.5	31 558.3	13 090.888 14	5 579.7	4 309.1	3 948.2
1999	90 564.4	14 549.0	41 080.9	34 943.5	12 924.846 58	5 404.5	4 193.2	4 001.3
2000	100 280.1	14 717.4	45 664.8	39 897.9	13 160.118 11	5 344.0	4 257.4	4 162.1

（续　表）

年份	国内生产总值（当年价）	第一产业（当年价）	第二产业（当年价）	第三产业（当年价）	国内生产总值（1978年价）	第一产业（1978年价）	第二产业（1978年价）	第三产业（1978年价）
2001	110 863.1	15 502.5	49 660.7	45 700.0	13 460.794 07	5 483.7	4 267.8	4 323.6
2002	121 717.4	16 190.2	54 105.5	51 421.7	13 542.211 84	5 577.1	4 231.0	4 403.3
2003	137 422	16 970.2	62 697.4	57 754.4	13 895.045 5	5 710.0	4 351.6	4 514.9
2004	161 840.2	20 904.3	74 286.9	66 648.9	14 861.359 04	6 627.9	4 639.2	4 731.2
2005	187 318.9	21 806.7	88 084.4	77 427.8	15 441.340 37	6 580.2	4 905.6	4 891.8
2006	219 438.5	23 317.0	104 361.8	91 759.7	16 047.864 56	6 717.7	5 123.1	5 079.4
2007	270 232.3	27 788.0	126 633.6	115 810.7	17 300.403 33	7 733.9	5 403.1	5 523.2
2008	319 515.5	32 753.2	149 956.6	136 805.8	18 654.571 46	8 667.2	5 825.1	5 905.7
2009	349 081.4	34 161.8	160 171.7	154 747.9	18 629.597 61	8 692.6	5 641.4	6 095.8
2010	413 030.3	39 362.6	191 629.8	182 038.0	19 923.317 74	9 607.7	5 989.7	6 538.7
2011	489 300.6	46 163.1	227 038.8	216 098.6	21 547.498 68	10 816.1	6 411.2	7 089.4
2012	540 367.4	50 902.3	244 643.3	244 821.9	22 063.016 5	11 415.6	6 375.1	7 436.0
2013	595 244.4	55 329.1	261 956.1	277 959.3	22 553.970 9	11 952.7	6 321.3	7 795.4
2014	643 974	58 343.5	277 571.8	308 058.6	22 740.800 9	12 112.0	6 237.0	8 013.8
2015	689 052.1	60 862.1	282 040.3	346 149.7	22 762.027 62	12 160.3	5 967.6	8 322.5
2016	743 585.5	63 672.8	296 547.7	383 365.0	23 016.947 32	12 318.2	5 904.7	8 558.8
2017	827 121.7	65 467.6	334 622.6	427 031.5	23 959.957 71	12 186.8	6 279.4	8 831.4

进一步的，将表格转换为表 2-8 数据。

表2-8 国内生产总值实际值及构成 单位：亿元

年份	国内生产总值实际值 Y（1978年价）	第一产业增加值实际值 X_1（1978年价）	第二产业增加值实际值（1978年价）/第一产业增加值实际值（1978年价）$X_4=X_2/X_1$	第三产业增加值实际值（1978年价）/第二产业增加值实际值（1978年价）$X_5=X_3/X_2$
1978	3 678.7	1 018.5	1.7	0.5
1979	3 810.873 606	1 186.6	1.5	0.5
1980	3 954.827 586	1 299.7	1.4	0.5
1981	4 045.737 705	1 381.3	1.3	0.5
1982	4 043.190 369	1 411.6	1.3	0.5
1983	4 087.508 486	1 451.4	1.3	0.5
1984	4 291.568 396	1 504.3	1.2	0.5
1985	4 729.158 004	1 635.6	1.2	0.6
1986	4 950.477 099	1 722.2	1.2	0.6
1987	5 200.598 035	1 906.3	1.1	0.6
1988	5 829.646 697	2 223.6	1.1	0.6
1989	6 332.362 698	2 380.7	1.0	0.6
1990	6 694.891 806	2 630.9	1.0	0.7
1991	7 142.356 378	2 709.4	1.0	0.7
1992	7 727.905 655	2 840.5	1.0	0.8
1993	8 902.720 24	3 223.0	1.0	0.7
1994	10 736.754 97	4 262.7	0.9	0.8

（续 表）

年 份	国内生产总值实际值 Y（1978年价）	第一产业增加值实际值 X_1（1978年价）	第二产业增加值实际值（1978年价）/第一产业增加值实际值（1978年价） $X_4 = X_2 / X_1$	第三产业增加值实际值（1978年价）/第二产业增加值实际值（1978年价） $X_5 = X_3 / X_2$
1995	12 204.516 51	5 156.8	0.8	0.8
1996	12 997.936 65	5 666.9	0.8	0.8
1997	13 208.782 1	5 631.7	0.8	0.8
1998	13 090.888 14	5 579.7	0.8	0.9
1999	12 924.846 58	5 404.5	0.8	1.0
2000	13 160.118 11	5 344.0	0.8	1.0
2001	13 460.794 07	5 483.7	0.8	1.0
2002	13 542.211 84	5 577.1	0.8	1.0
2003	13 895.045 5	5 710.0	0.8	1.0
2004	14 861.359 04	6 627.9	0.7	1.0
2005	15 441.340 37	6 580.2	0.7	1.0
2006	16 047.864 56	6 717.7	0.8	1.0
2007	17 300.403 33	7 733.9	0.7	1.0
2008	18 654.571 46	8 667.2	0.7	1.0
2009	18 629.597 61	8 692.6	0.6	1.1
2010	19 923.317 74	9 607.7	0.6	1.1
2011	21 547.498 68	10 816.1	0.6	1.1
2012	22 063.016 5	11 415.6	0.6	1.2
2013	22 553.970 9	11 952.7	0.5	1.2
2014	22 740.800 9	12 112.0	0.5	1.3

（续　表）

年　份	国内生产总值实际值 Y（1978年价）	第一产业增加值实际值 X_1（1978年价）	第二产业增加值实际值（1978年价）/第一产业增加值实际值（1978年价）$X_4 = X_2 / X_1$	第三产业增加值实际值（1978年价）/第二产业增加值实际值（1978年价）$X_5 = X_3 / X_2$
2015	22 762.027 62	12 160.3	0.5	1.4
2016	23 016.947 32	12 318.2	0.5	1.4
2017	23 959.957 71	12 186.8	0.5	1.4

在 Eviews 中新建一个工作文件，键入命令 *data* Y c X_1 X_4 X_5，输入相应数据，然后键入命令 *ls* Y c X_1 X_4 X_5，即得到回归结果表 2-9。

表2-9　国内生产总值回归结果表

Dependent Variable: Y

Method: Least Squares

Sample: 1978 2017

Included observations: 40

Variable	Coefficient	Std. Error	t-Statistic	Prob.
C	5199.256	1791.329	2.902458	0.0063
X_1	1.326107	0.108677	12.20226	0.0000
X_4	-3259.038	991.8924	-3.285677	0.0023
X_5	3137.501	1621.949	1.934402	0.0610
R-squared	0.990121	Mean dependent var		12353.68
Adjusted R-squared	0.989298	S.D. dependent var		6743.899
S.E. of regression	697.6743	Akaike info criterion		16.02802

续 表

Sum squared resid	17 522 978	Schwarz criterion	16.196 91
Log likelihood	−316.560 4	Hannan−Quinn criter	16.089 09
F−statistic	1 202.675	Durbin−Watson stat	0.384 722
Prob(F−statistic)	0.000 000		

由于我们更关注现有经济发展水平，产业发展每提升一个百分点，地区国内生产总值会提升几个百分点，而不是在整个分析时段，产业发展每增加一亿元，地区国内生产总值平均增加几亿元，因此将模型转化为 $\ln Y = \beta_0 + \beta_1 \ln X_1 + \beta_2 (X_2 / X_1) + \beta_3 (X_3 / X_2) + u$ 形式，重新进行模型模拟，结果如表 2−10 所示。

表2−10　国内生产总值回归结果表

Dependent variable: ln$Y$

Method: least squares

Sample: 1978 2017

Included observations: 40

Variable	Coefficient	Std. Error	t−Statistic	Prob.
C	0.977 258	0.453 839	2.153 316	0.038 1
lnX_1	0.960 655	0.049 449	19.427 13	0.000 0
X_4	0.346 619	0.099 421	3.486 379	0.001 3
X_5	−0.078 531	0.079 250	−0.990 925	0.328 3
R−squared	0.996 385	Mean dependent var		9.245 185
Adjusted R−squared	0.996 084	S.D. dependent var		0.635 195

续　表

S.E. of regression	0.039 750	Akaike info criterion	−3.517 772
Sum squared resid	0.056 882	Schwarz criterion	−3.348 884
Log likelihood	74.355 44	Hannan–Quinn criter	−3.456 707
F–statistic	3 307.576	Durbin–Watson stat	0.551 479
Prob(F–statistic)	0.000 000		

通过观察发现，在表 2–9 的回归结果中，反映结构转换的 X_4 变量的参数符号为负，并且在 1% 显著性水平下，参数显著不为零，与经济理论和经济实践不一致；在表 2–10 的回归结果中，X_4 变量的符号符合预期，但是在 10% 的显著性水平下，变量 X_5 的参数不能拒绝零假设。经济发展表现为主导产业不断转换并带动相关产业发展。对于表 2–9 和表 2–10 的结果，我们需要找寻可能的原因。

观察散点图可以发现国内生产总值 Y 与反映经济结构转换的变量 X_4、X_5 之间的关系并不是直线型，而是曲线型，其中还带有明显的拐点。这说明直接用线性关系描述经济发展水平和经济结构转换之间的关系是失当的，我们需要结合数据表现和经济理论，将国内生产总值 Y 与反映经济结构转换的变量 X_4、X_5 之间的非线性关系转换为线性关系，才能恰当地描述经济发展水平和经济结构转换之间的关系。

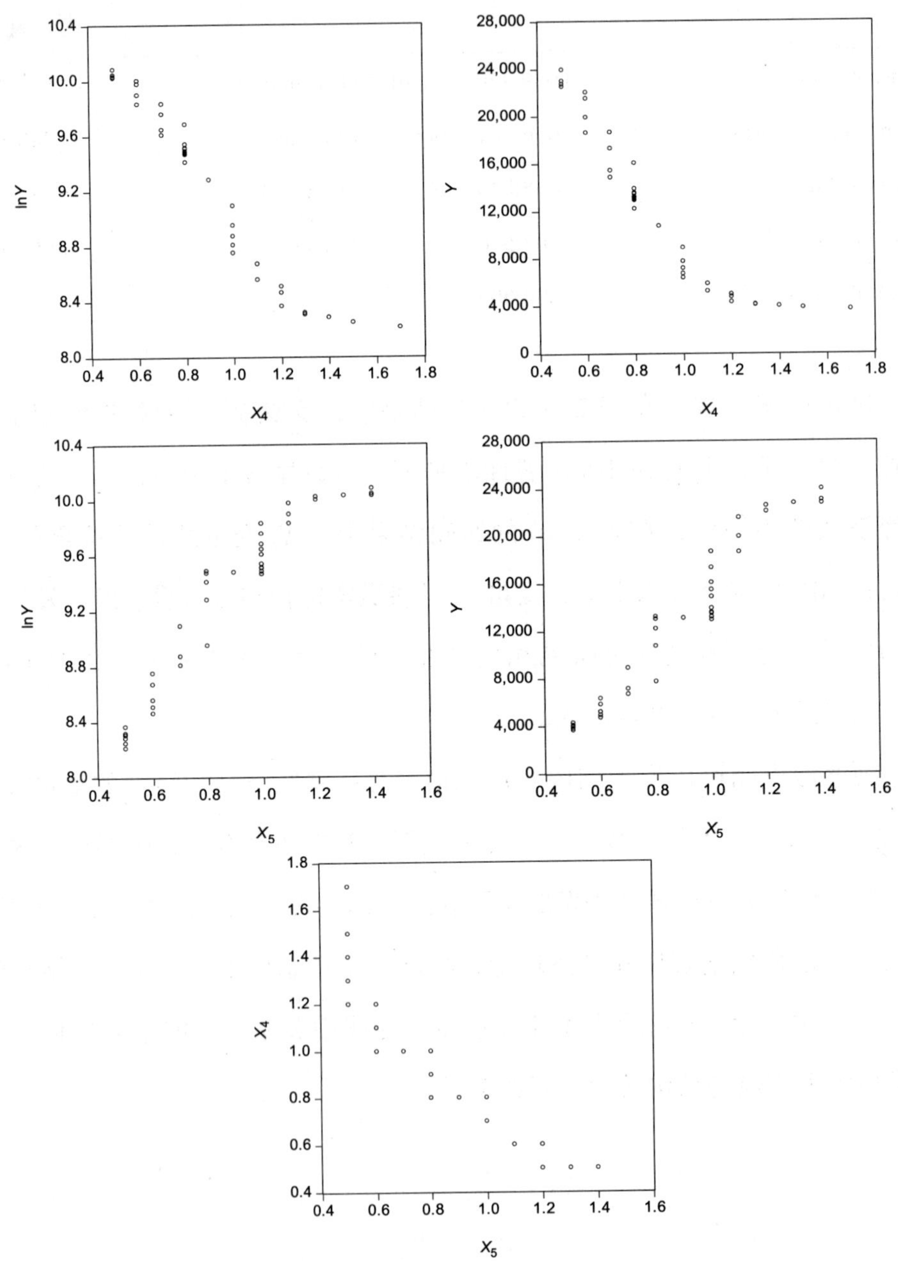

图 2-2　国内生产总值 Y 、变量 X_4 、变量 X_5 三者关系图

综合以上两个案例，我们发现对同一经济问题的模拟可能存在非常大的差异。随着思考的深入和对经济理论更准确的把握，我们能更好地结合经济理论和经济实践以及经济数据的长期和短期表现，更好地模拟经济现实，探寻经济规律。当然，在这种探寻过程中，我们会发现更多的研究问题，如案例 1 中，为什么新兴能源对传统能源的替代与能源消费总量间呈现非线性关系；两者之间是否存在一种类似库兹涅茨曲线的 U 型或倒 U 型关系；煤炭能源消费与石油能源消费之间是什么关系；在一些生产环节中，两者之间是替代关系，而在一些消费环节中，两者之间是互补关系，总的关系是什么。又如在案例 2 中，变量 X_4、变量 X_5 之间是什么关系；相应的经济解释应该是什么；应该如何分析三次产业结构转换对经济发展的影响；等等。

第三章　计量经济学的核心：模型设定、参数估计、模型检验、模型应用

计量经济学的核心是模型构建，模型构建遵循以下过程：经济理论分析—理论模型的设定—变量的选取—数据的获得—模型的参数估计—模型的检验—模型的应用。

模型，即对现实世界的简化。我们常见的经济模型如需求模型 $D = a + bP$，其中 D 表示商品的需求，P 表示商品的价格，a、b 表示参数系数。如果要将其转换为计量经济模型，只需在等式右边加入随机扰动项，如 $D = a + bP + u$，其中 u 为随机扰动项，表示商品的价格 P 之外的所有影响商品需求的因素。这些因素包括互补性或竞争性商品的价格、消费者的偏好、消费者的收入水平、消费者的收入结构、消费者对商品价格的未来预期、商家对商品价格的未来预期、商品的可获得性、含糊不清的理论导致的未知影响因素以及数据偏误导致的问题等。

在计量经济学中，参数估计的方法有广义最小二乘法（GLS）、极大似然估计法（ML）、矩估计法（GMM）等。但是，在基础阶段，参数估计基本使用普通最小二乘法（OLS）。普通最小二乘法有四个小样本假设，分别是解释变量相互独立，即解释变量之间不存在密切的关联性，违背这一条，模型会产生多重共线性问题，在完全共线性情况下，矩阵满秩，难以求得模型参数，从而无法进行参数估计及检验；随机扰动项服从零均值、同方差、不序列相关假定；随机扰动项之间相互独立，否则会产生序列相关、异方差等问题；随机扰动项与解释变量不相关，否则会产生异方差问题。如果模型设定正确，不存在设定偏误，那么采用普通最小二乘法得出的参数具有无偏、线性、有效（或者方差最小、变异度最小）三种优良特性。

如果违背其中一条，采用普通最小二乘法得到的参数估计值就会出现有偏、非有效等问题。因此，我们需要识别多重共线性、异方差、序列相关等问题，熟悉多重共线性、异方差、序列相关等概念，产生原因，问题的后果，检验思路和办法以及修正方法等。计量经济学的建模过程用框图展示如表 3–1 所示。

表3–1　计量经济学的建模过程

<table>
<tr><td>第一步：阅读文献，确定选题</td><td colspan="2">研究问题从哪里来？</td><td colspan="4">经济实践：对经济事实的观察和思考；经济理论；前人研究文献；争执与前沿等</td></tr>
<tr><td rowspan="2">第二步：设定理论模型</td><td colspan="2">理论模型需求针对哪些因素做出设定？</td><td colspan="4">模型的形式：线性、非线性等；变量及其指标表达；参数的含义；参数的大小、方向、符号等</td></tr>
<tr><td colspan="2">理论模型设定的依据是什么？</td><td colspan="4">经济理论；前人研究文献；经济实践等</td></tr>
<tr><td rowspan="2">第三步：数据及其处理</td><td colspan="2">数据的获得途径有哪些？</td><td colspan="4">官方统计数据、出版物等；个人或机构的调查资料</td></tr>
<tr><td colspan="2">数据的质量要求有哪些？</td><td colspan="4">全面；准确；完整；可比：统计口径可比；统计内涵可比</td></tr>
<tr><td>第四步：参数估计</td><td colspan="2">参数估计的方法</td><td colspan="4">GLS（OLS、TSLS 等）、ML、GMM 等</td></tr>
<tr><td rowspan="2">第四步：参数估计</td><td colspan="2">参数估计的前提</td><td colspan="4">模型设定正确，否则会出现虚假回归等问题</td></tr>
<tr><td>OLS 估计法的四个小样本假设</td><td>假定条件</td><td>违背会发生什么？</td><td>违背的后果</td><td>问题的检验和识别方法</td><td>问题的修正与常用方法</td></tr>
</table>

续 表

<table>
<tr><td rowspan="5">第四步：参数估计</td><td rowspan="5">OLS 估计法的四个小样本假设</td><td rowspan="2">解释变量相互独立</td><td rowspan="2">多重共线性</td><td>完全共线性</td><td>参数不存在</td><td colspan="2" rowspan="2">相关系数检验法；判定系数检验法；Klein 判别法；逐步回归分析法；参数经济涵义不合理等</td><td rowspan="2">无需修正的一些情况；合并同类项；排除引起共线性的变量；利用先验数据资料；综合运用时间、截面数据；逐步回归分析法等</td></tr>
<tr><td>近似共线性</td><td>参数估计量非有效；参数经济涵义不合理；变量显著性检验失效；模型的预测功能失效</td></tr>
<tr><td>随机扰动项与解释变量相互独立</td><td>异方差</td><td colspan="2">参数估计量非有效；变量显著性检验失效；模型的预测功能失效</td><td>思路：检验随机误差项方差与解释变量相关关系</td><td>怀特检验；G-Q检验；戈里瑟检验；帕克检验等</td><td>加权最小二乘法等</td></tr>
<tr><td>随机扰动项相互独立</td><td>序列相关</td><td colspan="2">参数估计量非有效；变量的显著性检验失效；模型的预测功能失效</td><td>思路：检验随机误差项是否相互独立</td><td>LM 检验法；D.W. 检验法；Q 检验法等</td><td>科克伦－奥科特迭代法等</td></tr>
<tr><td>随机扰动项满足零均值、同方差、不序列相关假定</td><td>序列相关；异方差</td><td colspan="2">参数估计量非有效；变量的显著性检验失效；模型的预测功能失效</td><td colspan="2"></td><td></td></tr>
<tr><td rowspan="4">第五步：模型检验</td><td colspan="2">经济意义检验</td><td colspan="6">参数大小、方向、符号等；参数的相互关系等</td></tr>
<tr><td colspan="2">统计意义检验</td><td colspan="6">拟合优度检验；方程的显著性检验；变量的显著性检验等</td></tr>
<tr><td colspan="2">计量经济学独有检验</td><td colspan="6">多重共线性检验；序列相关检验；异方差检验等</td></tr>
<tr><td colspan="2">模型的预测检验</td><td colspan="6">稳定性检验；预测性能检验等</td></tr>
<tr><td>第六步：模型应用</td><td colspan="8">结构分析；经济预测；政策评价；理论的检验与发展</td></tr>
</table>

了解了这些，接下来我们通过两个案例，即粮食产出模型（案例3–1）、消费和消费乘数模型（案例3–2）开始此部分的探索。

案例3–1：建构一个农产品产出模型。

表3–2 粮食产出模型数据表[1]

年份	中国粮食产量	农用化肥施用折纯量（万吨）	粮食作物播种面积（千公顷）	农业机械总动力（万千瓦）	有效灌溉面积（千公顷）	成灾面积（千公顷）	农业劳动力（万人）
1978	30 476.5	884	120 587.2	11 749.9	44 965	24 457	30 637.8
1979	33 211.5	1 086.3	119 262.7	13 379.5	45 003.13	15 790	31 024.5
1980	32 055.5	1 269.4	117 234.27	14 745.75	44 888.07	29 777	31 835.9
1981	32 502	1 334.9	114 957.67	15 680.1	44 573.8	18 743	32 672.3
1982	35 450	1 513.4	113 462.4	16 614.21	44 176.87	16 117	33 866.5
1983	38 727.5	1 659.8	114 047.2	18 021.9	44 644.07	16 209	34 689.8
1984	40 730.5	1 739.8	112 883.93	19 497.22	44 453	15 607	35 967.6
1985	37 910.8	1 775.8	108 845.13	20 912.5	44 035.9	22 705	37 065.1
1986	39 151.2	1 930.6	110 932.6	22 950	44 225.8	23 656	37 989.8
1987	40 297.7	1 999.3	111 267.77	24 836	44 403	20 393	39 000.4
1988	39 408.1	2 141.5	110 122.6	26 575	52 296	24 503	40 066.7
1989	40 754.9	2 357.1	112 204.67	28 067	53 158	24 449	40 938.8
1990	44 624.3	2 590.3	113 465.87	28 707.7	47 403.1	17 819	42 009.5
1991	43 529.3	2 805.1	112 313.6	29 388.6	47 822.1	27 814	43 092.5

[1] 数据来自中国国家统计局网站 http://www.stats.gov.cn/，根据数据库统计数据进行逐年整理而得。

续　表

年份	中国粮食产量	农用化肥施用折纯量(万吨)	粮食作物播种面积(千公顷)	农业机械总动力(万千瓦)	有效灌溉面积(千公顷)	成灾面积(千公顷)	农业劳动力(万人)
1992	44 265.8	2 930.2	110 559.7	30 308.4	48 590.1	25 893	43 801.6
1993	45 648.8	3 151.8	110 508.7	31 816.6	48 727.9	23 134	44 255.7
1994	44 510.1	3 317.9	109 543.7	33 802.5	48 759.1	31 382	44 654.1
1995	46 661.8	3 593.7	110 060.4	36 118.1	49 281.2	22 267	45 041.8
1996	50 453.5	3 827.9	112 547.92	38 546.9	50 381.4	21 234	45 288
1997	49 417.1	3 980.7	112 912.1	42 015.6	51 238.5	30 307	46 234.3
1998	51 229.53	4 084	113 787.4	45 207.7	52 295.6	25 181	46 232.3
1999	50 838.58	4 124.3	113 160.98	48 996.12	53 158.4	26 731	46 896.49
2000	46 217.52	4 146.41	108 462.54	52 573.61	53 820.3	34 374	47 962.14
2001	45 263.67	4 253.76	106 080.03	55 172.1	54 249.4	31 793	48 228.94
2002	45 705.75	4 339.39	103 890.83	57 929.85	54 354.8	27 160	48 526.85
2003	43 069.53	4 411.6	99 410.37	60 386.54	54 014.2	32 516	48 971.02
2004	46 946.95	4 636.6	101 606.03	64 027.91	54 478.4	16 297	49 695.28
2005	48 402.19	4 766.22	104 278.38	68 397.85	55 029.3	19 996	50 387.26
2006	49 804.23	4 927.69	104 958	72 522.12	55 750.5	24 632	50 976.81
2007	50 413.86	5 107.83	105 998.62	76 589.56	56 518.3	25 064	51 435.74
2008	53 434.29	5 239.02	107 544.5	82 190.4	58 471.7	22 284	52 025.64
2009	53 940.86	5 404.4	110 255.09	87 496.1	59 261.4	21 234	52 599.3
2010	55 911.31	5 561.68	11 695.42	92 780.48	60 347.7	18 538	53 243.93
2011	58 849.33	5 704.24	112 980.35	97 734.66	61 681.6	12 441	53 685.44
2012	61 222.62	5 838.85	114 368.04	102 558.96	62 490.5	11 475	53 857.88

续　表

年份	中国粮食产量	农用化肥施用折纯量(万吨)	粮食作物播种面积(千公顷)	农业机械总动力(万千瓦)	有效灌溉面积(千公顷)	成灾面积(千公顷)	农业劳动力(万人)
2013	63 048.2	5 911.86	115 907.55	103 906.75	63 473.3	14 303	—
2014	63 964.83	5 995.94	117 455.18	108 056.6	64 539.53	12 678	—
2015	66 060.27	6 022.6	118 962.81	111 728.1	65 872.64	12 380	—
2016	66 043.52	5 984.1	119 230.07	97 246	67 140.62	13 670	—
2017	66 160.72	5 859.41	117 989.06	98 783	67 815.57	9 201	—

我们先构建第一组模型，即单位面积粮食产出模型。

由表 3-2，我们很容易将粮食总产量数据转化为单产数据，形成表 3-3。

表3-3　单位面积粮食产出模型数据表

年份	单位面积粮食产量（万吨/千公顷）Y	单位面积化肥施用量(万吨/千公顷）X_1	单位面积农业机械总动力（万千瓦/千公顷）X_2	有效灌溉率 X_3	成灾率 X_4	单位面积农业劳动力人数（万人/千公顷）X_5
1978	0.252 734 121	0.007 330 795	0.097 439 032	0.372 883 689	0.202 815 888	0.254 071 742
1979	0.278 473 488	0.009 108 464	0.112 185 117	0.377 344 551	0.132 396 801	0.260 135 818
1980	0.273 431 139	0.010 827 892	0.125 780 201	0.382 892 05	0.253 995 696	0.271 557 967
1981	0.282 730 156	0.011 612 1	0.136 398 902	0.387 740 983	0.163 042 623	0.284 211 571
1982	0.312 438 306	0.013 338 339	0.146 429 214	0.389 352 508	0.142 047 057	0.298 4821 4
1983	0.339 574 317	0.014 553 623	0.158 021 416	0.391 452 574	0.142 125 366	0.304 170 554
1984	0.360 817 523	0.015 412 291	0.172 719 182	0.393 793 873	0.138 257 057	0.318 624 626

续 表

年份	单位面积粮食产量（万吨/千公顷）Y	单位面积化肥施用量(万吨/千公顷）X_1	单位面积农业机械总动力（万千瓦/千公顷）X_2	有效灌溉率 X_3	成灾率 X_4	单位面积农业劳动力人数（万人/千公顷）X_5
1985	0.348 300 379	0.016 314 924	0.192 130 783	0.404 573 912	0.208 599 135	0.340 530 624
1986	0.352 927 814	0.017 403 36	0.206 882 377	0.398 672 708	0.213 246 602	0.342 458 394
1987	0.362 168 668	0.017 968 366	0.223 209 291	0.399 064 347	0.183 278 59	0.350 509 406
1988	0.357 856 607	0.019 446 508	0.241 321 945	0.474 888 897	0.222 506 552	0.363 837 214
1989	0.363 219 285	0.021 007 147	0.250 141 104	0.473 759 247	0.217 896 457	0.364 858 254
1990	0.393 283 901	0.022 828 891	0.253 007 358	0.417 774 085	0.157 042 818	0.370 239 086
1991	0.387 569 27	0.024 975 604	0.261 665 551	0.425 790 821	0.247 645 877	0.383 680 16
1992	0.400 379 162	0.026 503 328	0.274 136 055	0.439 491 967	0.234 199 261	0.396 180 525
1993	0.413 078 789	0.028 520 831	0.287 910 364	0.440 941 754	0.209 340 984	0.400 472 542
1994	0.406 322 773	0.030 288 369	0.308 575 482	0.445 110 947	0.286 479 277	0.407 637 317
1995	0.423 965 386	0.032 652 071	0.328 166 171	0.447 765 045	0.202 316 183	0.409 246 196
1996	0.448 284 606	0.034 011 29	0.342 493 224	0.447 643 99	0.188 666 303	0.402 388 6
1997	0.437 659 914	0.035 254 858	0.372 108 924	0.453 791 046	0.268 412 331	0.409 471 616
1998	0.450 221 466	0.035 891 496	0.397 299 701	0.459 590 429	0.221 298 668	0.406 304 213
1999	0.449 258 923	0.036 446 309	0.432 977 162	0.469 759 099	0.236 221 001	0.414 422 798
2000	0.426 115 044	0.038 228 959	0.484 716 751	0.496 210 95	0.316 920 478	0.442 200 044
2001	0.426 693 601	0.040 099 536	0.520 098 835	0.511 400 685	0.299 707 683	0.454 646 742
2002	0.439 940 176	0.041 768 749	0.557 603 111	0.523 191 508	0.261 428 27	0.467 094 642
2003	0.433 249 871	0.044 377 664	0.607 447 09	0.543 345 729	0.327 088 613	0.492 614 805
2004	0.462 048 857	0.045 633 118	0.630 158 564	0.536 172 902	0.160 394 024	0.489 097 744
2005	0.464 163 233	0.045 706 694	0.655 915 924	0.527 715 333	0.191 755 952	0.483 199 49

续　表

年份	单位面积粮食产量（万吨/千公顷）Y	单位面积化肥施用量（万吨/千公顷）X_1	单位面积农业机械总动力（万千瓦/千公顷）X_2	有效灌溉率 X_3	成灾率 X_4	单位面积农业劳动力人数（万人/千公顷）X_5
2006	0.474 515 806	0.046 949 161	0.690 963 242	0.531 169 611	0.234 684 35	0.485 687 704
2007	0.475 608 645	0.048 187 703	0.722 552 426	0.533 198 451	0.236 455 909	0.485 249 148
2008	0.496 857 487	0.048 714 904	0.764 245 498	0.543 697 725	0.207 207 249	0.483 759 188
2009	0.489 236 914	0.049 017 238	0.793 578 782	0.537 493 552	0.192 589 748	0.477 069 131
2010	0.4 780 615 831	0.0 475 543 418	0.7 933 060 976	0.5 159 942 952	0.1 585 064 923	0.4 552 545 355
2011	0.520 881 109	0.050 488 78	0.865 058 924	0.545 949 805	0.110 116 494	0.475 175 019
2012	0.535 312 313	0.051 053 161	0.896 744 93	0.546 398 277	0.100 333 974	0.470 917 225
2013	0.543 952 486	0.051 004 96	0.896 462 31	0.547 620 064	0.123 400 072	—
2014	0.544 589 264	0.051 048 749	0.919 981 562	0.549 482 194	0.107 939 045	—[1]
2015	0.555 301 863	0.050 625 906	0.939 185 112	0.553 724 647	0.104 066 136	—
2016	0.553 916 642	0.050 189 52	0.815 616 396	0.563 118 18	0.114 652 285	—
2017	0.560 736 055	0.049 660 621	0.837 221 688	0.574 761 508	0.077 981 806	—

根据表格 3–3，我们将影响单位面积粮食产出 Y 的变量，包括单位面积化肥施用量 X_1、单位面积农业机械总动力 X_2、有效灌溉率 X_3、成灾率 X_4、单位面积劳动力投入 X_5，依次放入模型，构建线性模型 $Y=\beta_0+\beta_1X_1+\beta_2X_2+\beta_3X_3+\beta_4X_4+\beta_5X_5+u$。模型结果见表 3–4。

[1] 2013 年后，统计制度发生变化，通过统计数据可查到乡村从业人员、第一产业从业人数，不同于农业劳动力指标。

表3-4 单位面积粮食产出模型模拟结果1

Dependent Variable: Y

Method: Least Squares

Sample: 1978 2017

Included observations: 40

Variable	Coefficient	Std. Error	t-Statistic	Prob.
C	-0.005 158	0.011 338	-0.454 960	0.652 0
X_1	6.421 280	1.232 644	5.209 353	0.000 0
X_2	-0.262 096	0.074 356	-3.524 875	0.001 2
X_3	0.888 897	0.065 228	13.627 55	0.000 0
X_4	-0.323 371	0.091 006	-3.553 291	0.001 1
X_5	-0.058 457	0.033 277	-1.756 682	0.088 0
R-squared	0.999 003	Mean dependent var		0.531 961
Adjusted R-squared	0.998 856	S.D. dependent var		0.693 936
S.E. of regression	0.023 472	Akaike info criterion		-4.528 510
Sum squared resid	0.018 732	Schwarz criterion		-4.275 178
Log likelihood	96.570 20	Hannan-Quinn criter.		-4.436 913
F-statistic	6 810.649	Durbin-Watson stat		0.757 149
Prob(F-statistic)	0.000 000			

考虑到农业机械总动力 X_2 对单位面积粮食产出 Y 的影响与经济实践有较大差异，同时我们关注的往往是在现有单位面积粮食产出基础上再提升 1% 产出量需要增加多少的投入或者减少多少的成灾率，而不是平均来看整个分析时期每增加 1 单位的投入粮食单位面积产出会增加多少。因

此，我们将模型转化为双对数模型进行二次模拟。模拟结果见表 3-5。

表3-5 单位面积粮食产出模型模拟结果2

Dependent Variable: ln$Y$

Method: Least Squares

Sample (adjusted): 1978 2012

Included observations: 35 after adjustments

Variable	Coefficient	Std. Error	t-Statistic	Prob.
C	0.529 105	0.149 649	3.535 629	0.001 4
lnX_1	0.481 240	0.080 837	5.953 202	0.000 0
lnX_2	−0.161 147	0.047 633	−3.383 087	0.002 1
X_3	0.528 672	0.068 871	7.676 226	0.000 0
X_4	−0.630 663	0.127 579	−4.943 315	0.000 0
lnX_5	−0.002 244	0.218 532	−0.010 269	0.991 9
R-squared	0.995 427	Mean dependent var		−0.851 781
Adjusted R-squared	0.994 639	S.D. dependent var		0.460 286
S.E. of regression	0.033 701	Akaike info criterion		−3.787 748
Sum squared resid	0.032 938	Schwarz criterion		−3.521 117
Log likelihood	72.285 59	Hannan-Quinn criter.		−3.695 707
F-statistic	1 262.635	Durbin-Watson stat		0.740 086
Prob(F-statistic)	0.000 000			

注意到农业机械总动力变量 $\ln X_2$ 参数为负，与经济实践不符，考虑到模型数据为时间序列数据，而时间序列数据往往因变量间存在共同的

发展趋势从而导致变量间存在密切关联，进而导致模型发生严重的共线性问题，导致模拟结果中经济变量的参数大小、方向、符号不符合经济实践和经济理论，因此在 Eviews 工作文件中键入命令 *cor* 、$\ln Y$ 、$\ln X_1$ 、$\ln X_2$ 、X_3 、X_4 、$\ln X_5$ ，进行变量间的相关性分析（表 3-6），以查找、验证模型发生了多重共线性问题，从而导致农业机械总动力变量 X_2 参数为负，不符合经济常理。

观察变量间的相关系数表（表 3-6）发现，变量 $\ln X_2$ 与变量 $\ln X_1$ 、$\ln X_5$ 之间相关系数分别高达 0.904 057、0.991 809。可以认为，单位面积粮食产出模型模拟结果 2(表 3-5）中农业机械总动力变量 $\ln X_2$ 参数为负，不符合经济常理，可能是由于模型的多重共线性问题造成的。

表3-6 单位面积粮食产出模型：变量相关系数表

	$\ln Y$	$\ln X_1$	$\ln X_2$	X_3	X_4	$\ln X_5$
$\ln Y$	1.000 000	0.904 057	0.887 197	0.936 901	0.898 841	0.991 809
$\ln X_1$	0.904 057	1.000 000	0.986 019	0.713 535	0.691 198	0.915 943
$\ln X_2$	0.887 197	0.986 019	1.000 000	0.700 655	0.661 680	0.901 694
X_3	0.936 901	0.713 535	0.700 655	1.000 000	0.973 984	0.931 414
X_4	0.898 841	0.691 198	0.661 680	0.973 984	1.000 000	0.909 454
$\ln X_5$	0.991 809	0.915 943	0.901 694	0.931 414	0.909 454	1.000 000

为此，我们通过逐步回归分析法，逐步引 X 入变量，重新进行模型模拟。通过模型变量间的散点图（图 3-1）与被解释变量单位面积粮食产出变量 $\ln Y$ 分别关于解释变量 $\ln X_1$、$\ln X_2$、X_3、X_4、$\ln X_5$ 的回归结果（表 3-7、表 3-8、表 3-9、表 3-10、表 3-11），我们可以看出，逐步回归分析中基础变量可以选择为单位面积化肥施用量变量 $\ln X_1$。

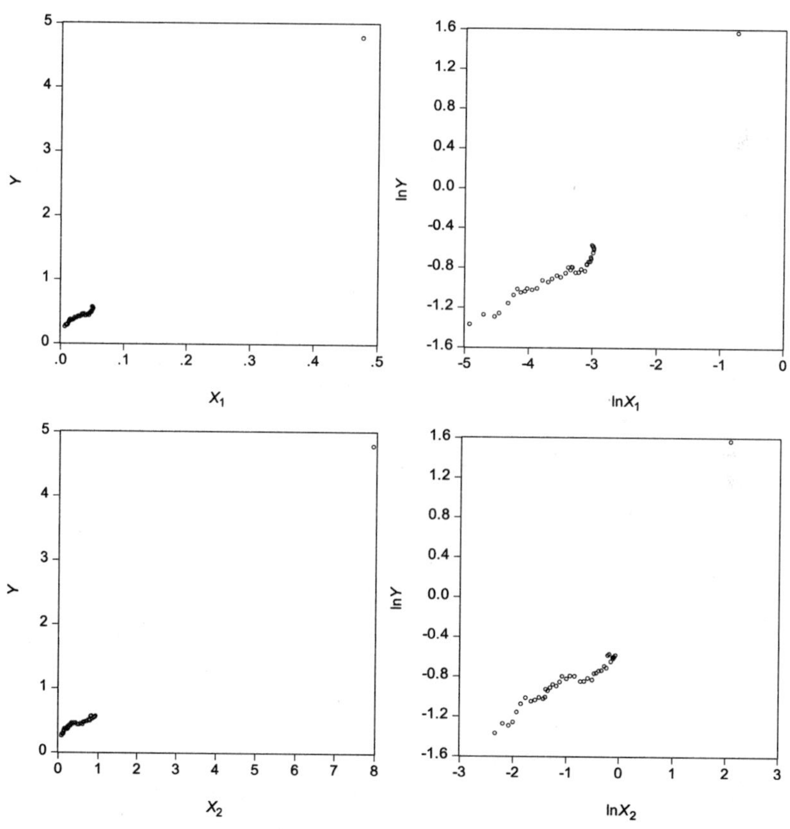

图 3-1　粮食总产出模型：解释变量与被解释变量散点图

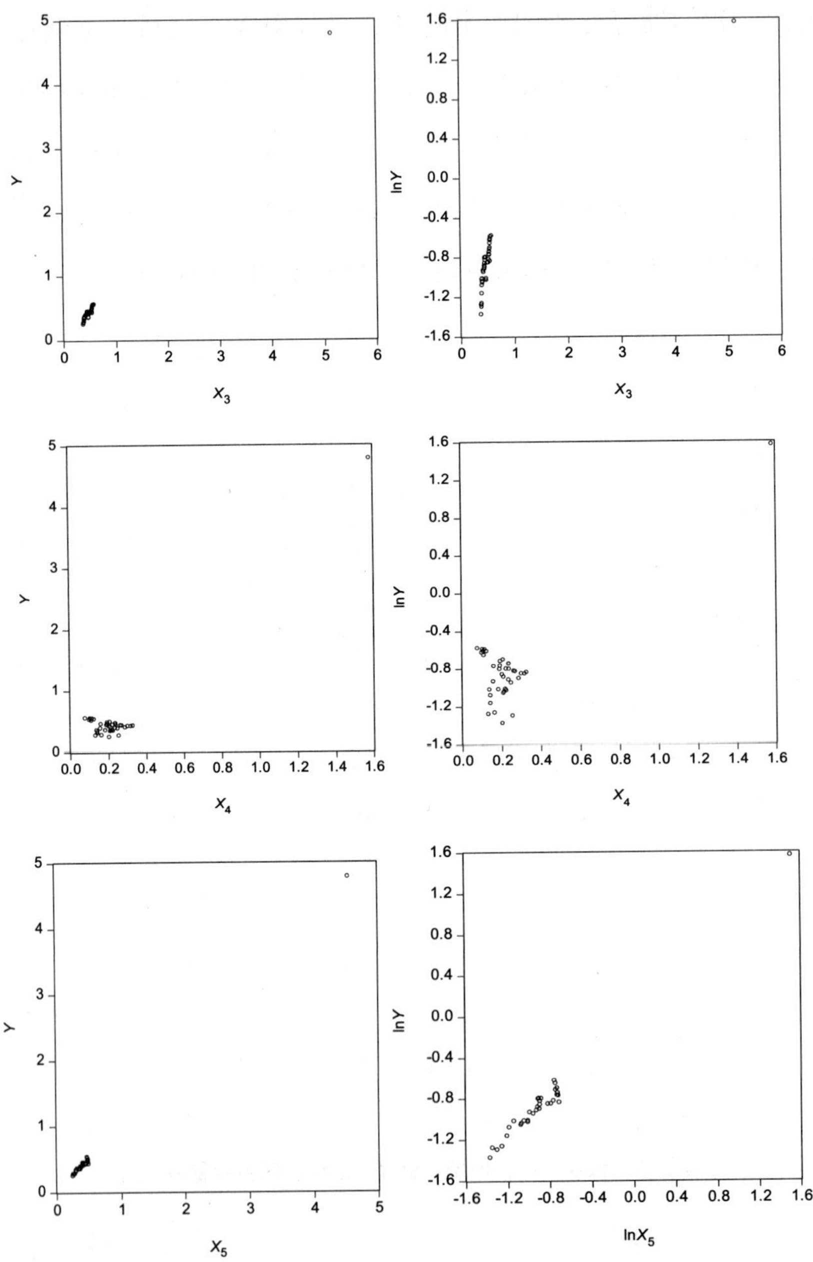

图 3-1　粮食总产出模型：解释变量与被解释变量散点图（续）

表3-7　单位面积粮食产出模型模拟结果3

Dependent Variable: ln$Y$

Method: Least Squares

Sample: 1978 2017

Included observations: 40

Variable	Coefficient	Std. Error	t-Statistic	Prob.
C	1.126 763	0.149 767	7.523 442	0.000 0
lnX_1	0.560 320	0.042 263	13.257 90	0.000 0
R-squared	0.822 241	Mean dependent var		-0.819 661
Adjusted R-squared	0.817 563	S.D. dependent var		0.438 322
S.E. of regression	0.187 219	Akaike info criterion		-0.464 368
Sum squared resid	1.331 938	Schwarz criterion		-0.379 924
Log likelihood	11.287 35	Hannan-Quinn criter.		-0.433 835
F-statistic	175.772 0	Durbin-Watson stat		1.491 707
Prob(F-statistic)	0.000 000			

表3-8　单位面积粮食产出模型模拟结果4

Dependent Variable: ln$Y$

Method: Least Squares

Sample: 1978 2017

Included observations: 40

Variable	Coefficient	Std. Error	t-Statistic	Prob.
C	-0.396 828	0.049 402	-8.032 554	0.000 0
lnX_2	0.465 175	0.040 344	11.530 27	0.000 0

续 表

R-squared	0.777 709	Mean dependent var	-0.819 661
Adjusted R-squared	0.771 859	S.D. dependent var	0.438 322
S.E. of regression	0.209 360	Akaike info criterion	-0.240 812
Sum squared resid	1.665 609	Schwarz criterion	-0.156 368
Log likelihood	6.816 236	Hannan-Quinn criter.	-0.210 280
F-statistic	132.947 1	Durbin-Watson stat	1.759 406
Prob(F-statistic)	0.000 000		

表3-9 单位面积粮食产出模型模拟结果5

Dependent Variable: ln$Y$

Method: Least Squares

Sample: 1978 2017

Included observations: 40

Variable	Coefficient	Std. Error	t-Statistic	Prob.
C	-1.138 127	0.036 303	-31.350 66	0.000 0
X_3	0.539 346	0.038 524	14.000 36	0.000 0

R-squared	0.837 614	Mean dependent var	-0.819 661
Adjusted R-squared	0.833 341	S.D. dependent var	0.438 322
S.E. of regression	0.178 940	Akaike info criterion	-0.554 822
Sum squared resid	1.216 746	Schwarz criterion	-0.470 378
Log likelihood	13.096 44	Hannan-Quinn criter.	-0.524 290
F-statistic	196.010 2	Durbin-Watson stat	0.156 189
Prob(F-statistic)	0.000 000		

表3-10　单位面积粮食产出模型模拟结果6

Dependent Variable: ln$Y$

Method: Least Squares

Sample: 1978 2017

Included observations: 40

Variable	Coefficient	Std. Error	t-Statistic	Prob.
C	-1.182 760	0.057 465	-20.582 33	0.000 0
X_4	1.574 649	0.178 200	8.836 403	0.000 0
R-squared	0.672 645	Mean dependent var		-0.819 661
Adjusted R-squared	0.664 031	S.D. dependent var		0.438 322
S.E. of regression	0.254 064	Akaike info criterion		0.146 246
Sum squared resid	2.452 843	Schwarz criterion		0.230 689
Log likelihood	-0.924 910	Hannan-Quinn criter.		0.176 778
F-statistic	78.082 02	Durbin-Watson stat		0.217 987
Prob(F-statistic)	0.000 000			

表3-11　单位面积粮食产出模型模拟结果7

Dependent Variable: ln$Y$

Method: Least Squares

Sample (adjusted): 1978 2012

Included observations: 35 after adjustments

Variable	Coefficient	Std. Error	t-Statistic	Prob.
C	0.016 660	0.021 927	0.759 765	0.452 8
lnX_5	0.992 831	0.022 258	44.605 31	0.000 0

续 表

R-squared	0.983 685	Mean dependent var	-0.851 781
Adjusted R-squared	0.983 190	S.D. dependent var	0.460 286
S.E. of regression	0.059 677	Akaike info criterion	-2.744 286
Sum squared resid	0.117 525	Schwarz criterion	-2.655 409
Log likelihood	50.025 01	Hannan-Quinn criter.	-2.713 606
F-statistic	1 989.634	Durbin-Watson stat	0.666 162
Prob(F-statistic)	0.000 000		

以单位面积化肥施用量变量 $\ln X_1$ 为基础解释变量，逐步将其他解释变量加入模型进行模拟，模拟结果见表 3-13、表 3-14、表 3-15、表 3-16。

表3-12 单位面积粮食产出模型模拟结果8

Dependent Variable: ln*Y*

Method: Least Squares

Sample: 1978 2017

Included observations: 40

Variable	Coefficient	Std. Error	t-Statistic	Prob.
C	1.126 763	0.149 767	7.523 442	0.000 0
$\ln X_1$	0.560 320	0.042 263	13.257 90	0.000 0
R-squared	0.822 241	Mean dependent var		-0.819 661
Adjusted R-squared	0.817 563	S.D. dependent var		0.438 322
S.E. of regression	0.187 219	Akaike info criterion		-0.464 368
Sum squared resid	1.331 938	Schwarz criterion		-0.379 924

续　表

Log likelihood	11.287 35	Hannan–Quinn criter.	–0.433 835
F–statistic	175.772 0	Durbin–Watson stat	1.491 707
Prob(F–statistic)	0.000 000		

表3–13　单位面积粮食产出模型模拟结果9

Dependent Variable: ln$Y$

Method: Least Squares

Sample: 1978 2017

Included observations: 40

Variable	Coefficient	Std. Error	t–Statistic	Prob.
C	1.520 661	0.613 587	2.478 316	0.017 9
lnX_1	0.707 098	0.225 672	3.133 304	0.003 4
lnX_2	–0.127 585	0.192 640	–0.662 298	0.511 9
R–squared	0.824 323	Mean dependent var		–0.819 661
Adjusted R–squared	0.814 827	S.D. dependent var		0.438 322
S.E. of regression	0.188 617	Akaike info criterion		–0.426 153
Sum squared resid	1.316 332	Schwarz criterion		–0.299 487
Log likelihood	11.523 06	Hannan–Quinn criter.		–0.380 355
F–statistic	86.807 02	Durbin–Watson stat		1.386 205
Prob(F–statistic)	0.000 000			

观察表 3–13 与表 3–12 发现，在 10% 显著性水平下，新加入的解释变量 ln X_2 的参数不能为零的假定。考虑到 ln X_2 与 ln X_1 之间的相关系数

高达 0.986 019，因此这里选择删掉变量 $\ln X_2$，然后继续加入变量 X_3。观察表 3–14，发现模型中加入 X_3 后，$\ln X_1$ 的参数大小、方向、符号、显著性没有发生显著变化，模型的拟合优度 R^2 显著提升。同时，X_3 的参数的大小、方向、符号符合预期，且显著不为零，说明 X_3 变量是有利变量，应该留在模型中。在模型中继续加入变量 X_4，形成表 3–15。对比表 3–14 可以发现，原有解释变量 $\ln X_1$、$\ln X_2$、X_3 变量的参数大小、方向、符号、显著性没有发生明显变化，同时新加入的解释变量成灾率 X_4 的参数显著为负，符合经济实践。同时，模型的拟合优度进一步增加，由此判定新加入的解释变量 X_4 是有利变量，应该留在模型中。在模型中继续加入解释变量 $\ln X_5$，形成表 3–16。对比表 3–15 可以发现，原有解释变量 $\ln X_1$、$\ln X_2$、X_3、X_4 变量的参数大小、方向、符号、显著性没有发生明显变化，模型的拟合优度有微弱增加，同时新加入的解释变量单位面积粮食的劳动力投入 $\ln X_5$ 的参数显著在 10% 显著性水平下不能拒绝为零的假定，由此判定新加入的解释变量 $\ln X_5$ 是可有可无的变量。考虑到粮食生产中，除包含种植面积、土地灌溉率等在内的土地投入变量，包含化肥、机械等投入在内的资本变量外，也应该包含劳动力投入变量。因此，虽然单位土地面积上的劳动力投入 $\ln X_5$ 变量的参数无法显著通过 t 检验，但也将 $\ln X_5$ 留于模型中。

表3–14　单位面积粮食产出模型模拟结果10

Dependent Variable: $\ln Y$

Method: Least Squares

续　表

Sample: 1978 2017				
Included observations: 40				
Variable	Coefficient	Std. Error	t-Statistic	Prob.
C	0.120 164	0.064 731	1.856 371	0.071 4
$\ln X_1$	0.326 082	0.016 538	19.717 60	0.000 0
X_3	0.326 706	0.015 772	20.714 57	0.000 0
R-squared	0.985 889	Mean dependent var		-0.819 661
Adjusted R-squared	0.985 126	S.D. dependent var		0.438 322
S.E. of regression	0.053 457	Akaike info criterion		-2.947 836
Sum squared resid	0.105 734	Schwarz criterion		-2.821 170
Log likelihood	61.956 71	Hannan-Quinn criter.		-2.902 037
F-statistic	1 292.523	Durbin-Watson stat		0.477 429
Prob(F-statistic)	0.000 000			

表3-15　单位面积粮食产出模型模拟结果11

Dependent Variable: $\ln Y$				
Method: Least Squares				
Sample: 1978 2017				
Included observations: 40				
Variable	Coefficient	Std. Error	t-Statistic	Prob.
C	0.077 300	0.046 093	1.677 026	0.102 2
$\ln X_1$	0.306 406	0.012 066	25.393 70	0.000 0
X_3	0.508 328	0.031 257	16.262 92	0.000 0
X_4	-0.575 606	0.092 599	-6.216 122	0.000 0

续 表

R-squared	0.993 194	Mean dependent var	-0.819 661
Adjusted R-squared	0.992 627	S.D. dependent var	0.438 322
S.E. of regression	0.037 637	Akaike info criterion	-3.626 996
Sum squared resid	0.050 997	Schwarz criterion	-3.458 108
Log likelihood	76.539 91	Hannan-Quinn criter.	-3.565 931
F-statistic	1 751.152	Durbin-Watson stat	0.530 499
Prob(F-statistic)	0.000 000		

考虑到单位面积粮食产出模型模拟结果 12（表 3-16）中劳动力投入变量 $\ln X_5$ 对于粮食单位面积产出的影响不显著的原因可能是 2000 年后我国农业劳动力资源相对过剩，导致宏观数据表达的农业劳动力投入在粮食生产中的作用不显著造成的，因此，进行断点检验，观察 2000 年前后，模型是否存在可能的差异。断点检验结果见表 3-17。从表 3-17 可以发现，2000 年前后模型的结构确实发生了显著变化。

表3-16　单位面积粮食产出模型模拟结果12

Dependent Variable: ln$Y$

Method: Least Squares

Sample (adjusted): 1978 2012

Included observations: 35 after adjustments

Variable	Coefficient	Std. Error	t-Statistic	Prob.
C	0.048 582	0.054 714	0.887 925	0.381 6
lnX_1	0.344 539	0.081 294	4.238 210	0.000 2

续 表

X_3	0.513 136	0.079 789	6.431 147	0.000 0
X_4	−0.423 855	0.130 021	−3.259 894	0.002 8
$\ln X_5$	−0.137 673	0.249 446	−0.551 914	0.585 1

R−squared	0.993 623	Mean dependent var	−0.851 781
Adjusted R−squared	0.992 773	S.D. dependent var	0.460 286
S.E. of regression	0.039 131	Akaike info criterion	−3.512 237
Sum squared resid	0.045 937	Schwarz criterion	−3.290 044
Log likelihood	66.464 14	Hannan−Quinn criter.	−3.435 536
F−statistic	1 168.566	Durbin−Watson stat	0.506 527
Prob(F−statistic)	0.000 000		

表3−17　单位面积粮食产出模型模拟结果12的断点检验结果表

Chow Breakpoint Test: 2000

Null Hypothesis: No breaks at specified breakpoints

Varying regressors: All equation variables

Equation Sample: 1978 2012

F−statistic	14.254 68	Prob. F(5,25)	0.000 0
Log likelihood ratio	47.191 06	Prob. Chi−Square(5)	0.000 0
Wald Statistic	71.273 38	Prob. Chi−Square(5)	0.000 0

结合图 3−1 的散点图和表 3−17 的断点检验结果，引入虚拟变量 D_1（2000 年及以后，D_1 =1；2000 年前，D_1 =0）以反映可能发生的结果变

化。模拟结果见表3-18、表3-19、表3-20、表3-21、表3-22、表3-23。观察发现，表3-23的模拟结果相对较好。

表3-18　单位面积粮食产出模型模拟结果13

Dependent Variable: ln*Y*

Method: Least Squares

Sample (adjusted): 1978 2012

Included observations: 35 after adjustments

Variable	Coefficient	Std. Error	t-Statistic	Prob.
C	0.270 975	0.056 416	4.803 122	0.000 0
$\ln X_1$	0.317 875	0.058 246	5.457 455	0.000 0
X_3	0.447 911	0.058 205	7.695 459	0.000 0
X_4	-0.547 142	0.095 534	-5.727 181	0.000 0
$\ln X_5$	0.110 198	0.183 785	0.599 603	0.553 4
D_1	-0.082 420	0.015 085	-5.463 692	0.000 0
R-squared	0.996 858	Mean dependent var		-0.851 781
Adjusted R-squared	0.996 316	S.D. dependent var		0.460 286
S.E. of regression	0.027 938	Akaike info criterion		-4.162 823
Sum squared resid	0.022 636	Schwarz criterion		-3.896 191
Log likelihood	78.849 40	Hannan-Quinn criter.		-4.070 782
F-statistic	1 839.900	Durbin-Watson stat		1.020 644
Prob(F-statistic)	0.000 000			

表3-19　单位面积粮食产出模型模拟结果14

Dependent Variable: ln$Y$

Method: Least Squares

Sample (adjusted): 1978 2012

Included observations: 35 after adjustments

Variable	Coefficient	Std. Error	t-Statistic	Prob.
C	0.199 606	0.108 024	1.847 785	0.075 2
lnX_1	0.298 511	0.063 727	4.684 224	0.000 1
X_3	0.558 978	0.154 536	3.617 146	0.001 2
X_4	−0.574 725	0.102 540	−5.604 898	0.000 0
lnX_5	0.153 671	0.193 333	0.794 852	0.433 4
D_1	−0.265 673	0.236 415	−1.123 760	0.270 7
D_1*lnX_5	−0.234 300	0.301 646	−0.776 740	0.443 8
R-squared	0.996 924	Mean dependent var		−0.851 781
Adjusted R-squared	0.996 265	S.D. dependent var		0.460 286
S.E. of regression	0.028 131	Akaike info criterion		−4.126 998
Sum squared resid	0.022 159	Schwarz criterion		−3.815 929
Log likelihood	79.222 47	Hannan-Quinn criter.		−4.019 617
F-statistic	1 512.378	Durbin-Watson stat		1.087 172
Prob(F-statistic)	0.000 000			

表3-20　单位面积粮食产出模型模拟结果15

Dependent Variable: ln$Y$

Method: Least Squares

续 表

Sample (adjusted): 1978 2012				
Included observations: 35 after adjustments				
Variable	Coefficient	Std. Error	t-Statistic	Prob.
C	0.805 575	0.192 424	4.186 454	0.000 3
$\ln X_1$	0.314 015	0.053 663	5.851 593	0.000 0
X_3	−0.408 910	0.300 525	−1.360 650	0.184 9
X_4	−0.573 226	0.086 065	−6.660 422	0.000 0
$\ln X_5$	0.283 176	0.166 273	1.703 082	0.100 0
D_1	−1.236 302	0.336 574	−3.673 191	0.001 0
$D_1*\ln X_5$	−0.778 783	0.295 560	−2.634 940	0.013 8
D_1*X_3	1.162 528	0.325 611	3.570 299	0.001 4
R-squared	0.997 910	Mean dependent var		−0.851 781
Adjusted R-squared	0.997 369	S.D. dependent var		0.460 286
S.E. of regression	0.023 611	Akaike info criterion		−4.456 554
Sum squared resid	0.015 052	Schwarz criterion		−4.101 046
Log likelihood	85.989 69	Hannan-Quinn criter.		−4.333 832
F-statistic	1 842.001	Durbin-Watson stat		1.103 740
Prob(F-statistic)	0.000 000			

表3-21　单位面积粮食产出模型模拟结果16

Dependent Variable: $\ln Y$
Method: Least Squares
Sample (adjusted): 1978 2012
Included observations: 35 after adjustments

续　表

Variable	Coefficient	Std. Error	t-Statistic	Prob.
C	0.805 747	0.196 721	4.095 892	0.000 4
$\ln X_1$	0.314 120	0.055 535	5.656 225	0.000 0
X_3	−0.408 306	0.311 232	−1.311 902	0.201 0
X_4	−0.574 497	0.146 037	−3.933 918	0.000 6
$\ln X_5$	0.282 944	0.170 777	1.656 802	0.109 6
D_1	−1.235 900	0.344 965	−3.582 685	0.001 4
$D_1*\ln X_5$	−0.778 290	0.304 570	−2.555 373	0.016 8
D_1*X_3	1.161 551	0.343 747	3.379 088	0.002 3
D_1*X_4	0.001 926	0.176 987	0.010 883	0.991 4
R−squared	0.997 910	Mean dependent var		−0.851 781
Adjusted R−squared	0.997 267	S.D. dependent var		0.460 286
S.E. of regression	0.024 061	Akaike info criterion		−4.399 415
Sum squared resid	0.015 052	Schwarz criterion		−3.999 469
Log likelihood	85.989 77	Hannan−Quinn criter.		−4.261 354
F−statistic	1 552.064	Durbin−Watson stat		1.103 863
Prob(F−statistic)	0.000 000			

表3−22　单位面积粮食产出模型模拟结果17

Dependent Variable: $\ln Y$

Method: Least Squares

Sample (adjusted): 1978 2012

Included observations: 35 after adjustments

续 表

Variable	Coefficient	Std. Error	t-Statistic	Prob.
C	0.765 234	0.185 619	4.122 611	0.000 3
$\ln X_1$	0.281 067	0.054 405	5.166 253	0.000 0
X_3	−0.464 198	0.289 436	−1.603 800	0.120 8
X_4	−0.445 049	0.107 694	−4.132 522	0.000 3
$\ln X_5$	0.369 938	0.166 043	2.227 971	0.034 7
D_1	−0.737 315	0.420 371	−1.753 964	0.091 2
$D_1 * \ln X_5$	−1.170 196	0.353 456	−3.310 730	0.002 7
$D_1 * X_3$	1.212 168	0.313 072	3.871 854	0.000 7
$D_1 * \ln X_1$	0.263 137	0.142 241	1.849 936	0.075 7
R−squared	0.998 153	Mean dependent var		−0.851 781
Adjusted R−squared	0.997 585	S.D. dependent var		0.460 286
S.E. of regression	0.022 618	Akaike info criterion		−4.523 066
Sum squared resid	0.013 301	Schwarz criterion		−4.123 119
Log likelihood	88.153 66	Hannan−Quinn criter.		−4.385 004
F−statistic	1 756.774	Durbin−Watson stat		1.141 103
Prob(F−statistic)	0.000 000			

从表 3-23 可以看出，2000 年后发生的结构变化显著影响了单位面积粮食产出模型的斜率项，或者说，化肥施用 $\ln X_1$、灌溉率 X_3、成灾率 X_4、劳动力投入 $\ln X_5$ 等解释变量对单位面积粮食产出 $\ln Y$ 的影响速度在 2000 年前后发生了显著的差异。具体表现为：化肥施用 $\ln X_1$、灌溉率 X_3、成灾率 X_4 对单位面积粮食产出 $\ln Y$ 的影响速度加快，而劳动力投入

$\ln X_5$对单位面积粮食产出$\ln Y$的影响速度变缓。

表3-23 单位面积粮食产出模型模拟结果18

Dependent Variable: $\ln Y$

Method: Least Squares

Sample (adjusted): 1978 2012

Included observations: 35 after adjustments

Variable	Coefficient	Std. Error	t-Statistic	Prob.
C	0.766 157	0.179 263	4.273 936	0.000 2
$\ln X_1$	0.275 305	0.052 651	5.228 861	0.000 0
X_3	-0.393 526	0.282 612	-1.392 457	0.176 0
X_4	-0.584 664	0.132 640	-4.407 918	0.000 2
$\ln X_5$	0.393 630	0.160 964	2.445 464	0.021 9
D_1	-0.274 203	0.489 255	-0.560 450	0.580 2
$D_1*\ln X_5$	-1.381 489	0.363 373	-3.801 851	0.000 8
D_1*X_3	1.066 814	0.314 261	3.394 678	0.002 3
D_1*X_4	0.362 499	0.213 727	1.696 083	0.102 3
$D_1*\ln X_1$	0.467 495	0.182 723	2.558 484	0.017 0

R-squared	0.998 344	Mean dependent var	-0.851 781
Adjusted R-squared	0.997 748	S.D. dependent var	0.460 286
S.E. of regression	0.021 844	Akaike info criterion	-4.574 838
Sum squared resid	0.011 929	Schwarz criterion	-4.130 453
Log likelihood	90.059 67	Hannan-Quinn criter.	-4.421 437
F-statistic	1 674.613	Durbin-Watson stat	1.239 502
Prob(F-statistic)	0.000 000		

注意到单位面积粮食产出模型模拟结果 18 的残差（表 3–24）表现为一些正值后紧接着一些负值，然后一些正值，再一些负值，怀疑模型存在序列相关问题。这里，采用 Q 检验和 LM 检验进行模型序列相关性的检验，检验结果见表 3–25 和表 3–26。观察发现，单位面积粮食产出模型模拟结果 18 可能存在序列相关问题。

表3–24　单位面积粮食产出模型模拟结果18的实际值、估计值与残差表现

obs	Actual	Fitted	Residual	Residual Plot
1978	–1.375 42	–1.391 80	0.016 38	|　. | *.　|
1979	–1.278 43	–1.283 32	0.004 89	|　. |* .　|
1980	–1.296 71	–1.292 08	–0.004 63	|　. *| .　|
1981	–1.263 26	–1.203 63	–0.059 63	|*　. | .　|
1982	–1.163 35	–1.134 55	–0.028 80	|　*. | .　|
1983	–1.080 06	–1.103 99	0.023 93	|　. | .*　|
1984	–1.019 38	–1.068 59	0.049 21	|　. | .　* |
1985	–1.054 69	–1.072 12	0.017 43	|　. | *.　|
1986	–1.041 49	–1.052 51	0.011 02	|　. |* .　|
1987	–1.015 65	–1.017 20	0.001 56	|　. * .　|
1988	–1.027 62	–1.033 52	0.005 90	|　. |* .　|
1989	–1.012 75	–1.008 03	–0.004 72	|　. *| .　|
1990	–0.933 22	–0.921 76	–0.011 47	|　. * | .　|
1991	–0.947 86	–0.939 10	–0.008 76	|　. * | .　|
1992	–0.915 34	–0.907 67	–0.007 67	|　. * | .　|
1993	–0.884 12	–0.869 27	–0.014 85	|　.* | .　|

续 表

<table>
<tr><th>obs</th><th>Actual</th><th>Fitted</th><th>Residual</th><th>Residual Plot</th></tr>
<tr><td>1994</td><td>−0.900 61</td><td>−0.892 47</td><td>−0.008 13</td><td>| .*| . |</td></tr>
<tr><td>1995</td><td>−0.858 10</td><td>−0.822 07</td><td>−0.036 03</td><td>| * . | . |</td></tr>
<tr><td>1996</td><td>−0.802 33</td><td>−0.809 47</td><td>0.007 14</td><td>| . |* . |</td></tr>
<tr><td>1997</td><td>−0.826 31</td><td>−0.841 76</td><td>0.015 44</td><td>| . | *. |</td></tr>
<tr><td>1998</td><td>−0.798 02</td><td>−0.814 62</td><td>0.016 61</td><td>| . | *. |</td></tr>
<tr><td>1999</td><td>−0.800 16</td><td>−0.815 34</td><td>0.015 18</td><td>| . | *. |</td></tr>
<tr><td>2000</td><td>−0.853 05</td><td>−0.862 89</td><td>0.009 85</td><td>| . |*. |</td></tr>
<tr><td>2001</td><td>−0.851 69</td><td>−0.840 78</td><td>−0.010 91</td><td>| .*| . |</td></tr>
<tr><td>2002</td><td>−0.821 12</td><td>−0.820 73</td><td>−0.000 39</td><td>| . * . |</td></tr>
<tr><td>2003</td><td>−0.836 44</td><td>−0.829 29</td><td>−0.007 15</td><td>| . *| . |</td></tr>
<tr><td>2004</td><td>−0.772 08</td><td>−0.769 28</td><td>−0.002 80</td><td>| . *| . |</td></tr>
<tr><td>2005</td><td>−0.767 52</td><td>−0.768 76</td><td>0.001 24</td><td>| . * . |</td></tr>
<tr><td>2006</td><td>−0.745 46</td><td>−0.761 13</td><td>0.015 67</td><td>| . | *. |</td></tr>
<tr><td>2007</td><td>−0.743 16</td><td>−0.739 92</td><td>−0.003 24</td><td>| . *| . |</td></tr>
<tr><td>2008</td><td>−0.699 45</td><td>−0.715 23</td><td>0.015 78</td><td>| . | *. |</td></tr>
<tr><td>2009</td><td>−0.714 91</td><td>−0.697 81</td><td>−0.017 10</td><td>| .* | . |</td></tr>
<tr><td>2010</td><td>1.564 57</td><td>1.564 53</td><td>3.5E−05</td><td>| . * . |</td></tr>
<tr><td>2011</td><td>−0.652 23</td><td>−0.647 89</td><td>−0.004 34</td><td>| . *| . |</td></tr>
<tr><td>2012</td><td>−0.624 90</td><td>−0.628 27</td><td>0.003 36</td><td>| . |* . |</td></tr>
</table>

表3-25 单位面积粮食产出模型模拟结果18的Q检验结果表

Sample: 1978 2012

Included observations: 35

续 表

Autocorrelation	Partial Correlation		AC	PAC	Q-Stat	Prob
. |*** |	. |*** |	1	0.369	0.369	5.1728	0.023
.*| . |	**| . |	2	−0.093	−0.265	5.5140	0.063
***| . |	***| . |	3	−0.424	−0.353	12.804	0.005
**| . |	. |*. |	4	−0.218	0.086	14.791	0.005
.*| . |	**| . |	5	−0.137	−0.223	15.605	0.008
. | . |	.*| . |	6	−0.024	−0.117	15.630	0.016
.*| . |	**| . |	7	−0.138	−0.238	16.509	0.021
. | . |	. | . |	8	0.029	0.040	16.550	0.035
. | . |	**| . |	9	−0.015	−0.234	16.561	0.056
. | . |	**| . |	10	−0.017	−0.238	16.577	0.084
.*| . |	.*| . |	11	−0.109	−0.184	17.221	0.102
. | . |	. | . |	12	0.073	−0.053	17.524	0.131
. |*. |	.*| . |	13	0.162	−0.089	19.065	0.121
. |** |	. |*. |	14	0.317	0.088	25.265	0.032
. | . |	**| . |	15	−0.002	−0.258	25.265	0.046
.*| . |	. | . |	16	−0.080	0.008	25.707	0.058

表3-26　单位面积粮食产出模型模拟结果18的*LM*检验结果表

Breusch-Godfrey Serial Correlation LM Test:			
F-statistic	3.236 544	Prob. F(2,23)	0.057 7
Obs*R-squared	7.686 948	Prob. Chi-Square(2)	0.021 4

Test Equation:

Dependent Variable: RESID

续　表

Method: Least Squares

Sample: 1978 2012

Included observations: 35

Presample missing value lagged residuals set to zero.

Variable	Coefficient	Std. Error	t-Statistic	Prob.
C	0.018 476	0.167 216	0.110 490	0.913 0
$\ln X_1$	0.007 949	0.051 948	0.153 012	0.879 7
X_3	−0.010 276	0.260 383	−0.039 464	0.968 9
X_4	−0.018 124	0.126 334	−0.143 462	0.887 2
$\ln X_5$	−0.019 580	0.156 033	−0.125 488	0.901 2
D_1	−0.185 842	0.456 609	−0.407 005	0.687 8
D_1*$\ln X_5$	0.093 751	0.349 442	0.268 289	0.790 9
D_1*X_3	0.032 497	0.290 618	0.111 822	0.911 9
D_1*X_4	−0.045 016	0.198 411	−0.226 881	0.822 5
D_1*$\ln X_1$	−0.080 452	0.172 561	−0.466 220	0.645 4
RESID(−1)	0.522 884	0.211 046	2.477 583	0.021 0
RESID(−2)	−0.288 821	0.221 041	−1.306 636	0.204 3
R−squared	0.219 627	Mean dependent var		−1.77E−16
Adjusted R−squared	−0.153 595	S.D. dependent var		0.018 731
S.E. of regression	0.020 118	Akaike info criterion		−4.708 536
Sum squared resid	0.009 309	Schwarz criterion		−4.175 274
Log likelihood	94.399 38	Hannan−Quinn criter.		−4.524 454
F−statistic	0.588 463	Durbin−Watson stat		2.159 842
Prob(F−statistic)	0.818 783			

考虑到单位面积粮食产出模型模拟结果 18 可能存在序列相关问题，采用科克伦 - 奥科特迭代法，在原有模型（表 3-23）基础上加入 ar（1）、ar（2），结果见表 3-27、表 3-28。比较表 3-27 和表 3-28 结果，我们可以发现，二次迭代的结果（表 3-28）好于一次迭代的结果（表 3-27）。因此，选择表 3-28 的模型，即单位面积粮食产出模型模拟结果 20 作为最后的模型结果。

表3-27　单位面积粮食产出模型模拟结果19

Dependent Variable: ln$Y$

Method: Least Squares

Sample (adjusted): 1979 2012

Included observations: 34 after adjustments

Convergence achieved after 33 iterations

Variable	Coefficient	Std. Error	t-Statistic	Prob.
C	0.807 905	0.201 606	4.007 354	0.000 6
lnX_1	0.328 336	0.078 080	4.205 133	0.000 3
X_3	−0.390 465	0.276 558	−1.411 873	0.171 4
X_4	−0.518 041	0.111 148	−4.660 806	0.000 1
lnX_5	0.252 321	0.224 441	1.124 220	0.272 5
D_1	−0.448 753	0.525 430	−0.854 067	0.401 9
D_1*lnX_5	−1.232 631	0.464 429	−2.654 082	0.014 2
D_1*X_3	1.093 350	0.311 111	3.514 334	0.001 9
D_1*X_4	0.260 872	0.184 211	1.416 160	0.170 1
D_1*lnX_1	0.372 315	0.215 933	1.724 217	0.098 1

续　表

AR(1)	0.451 205	0.209 365	2.155 115	0.041 9
R-squared	0.998 614	Mean dependent var		-0.836 380
Adjusted R-squared	0.998 011	S.D. dependent var		0.457 963
S.E. of regression	0.020 425	Akaike info criterion		-4.687 918
Sum squared resid	0.009 595	Schwarz criterion		-4.194 095
Log likelihood	90.694 60	Hannan-Quinn criter.		-4.519 510
F-statistic	1 656.711	Durbin-Watson stat		1.680 607
Prob(F-statistic)	0.000 000			
Inverted AR Roots		.45		

表3-28　单位面积粮食产出模型模拟结果20

Dependent Variable: ln$Y$

Method: Least Squares

Sample (adjusted): 1980 2012

Included observations: 33 after adjustments

Convergence achieved after 13 iterations

Variable	Coefficient	Std. Error	t-Statistic	Prob.
C	0.837 246	0.199 429	4.198 220	0.000 4
lnX_1	0.327 488	0.075 580	4.333 001	0.000 3
X_3	-0.499 362	0.308 649	-1.617 899	0.120 6
X_4	-0.459 609	0.091 070	-5.046 770	0.000 1
lnX_5	0.250 268	0.234 183	1.068 685	0.297 3
D_1	-0.676 312	0.443 558	-1.524 745	0.142 2
D_1*lnX_5	-1.164 766	0.471 173	-2.472 056	0.022 1

续 表

D_1*X_3	1.226 846	0.335 371	3.658 173	0.001 5
D_1*X_4	0.152 319	0.158 928	0.958 414	0.348 8
D_1*lnX_1	0.293 591	0.187 207	1.568 272	0.131 8
AR(1)	0.683 263	0.213 776	3.196 159	0.004 3
AR(2)	−0.430 879	0.203 618	−2.116 108	0.046 5
R−squared	0.998 797	Mean dependent var		−0.822 984
Adjusted R−squared	0.998 167	S.D. dependent var		0.458 250
S.E. of regression	0.019 622	Akaike info criterion		−4.749 075
Sum squared resid	0.008 085	Schwarz criterion		−4.204 891
Log likelihood	90.359 74	Hannan−Quinn criter.		−4.565 974
F−statistic	1 584.769	Durbin−Watson stat		2.162 702
Prob(F−statistic)	0.000 000			
Inverted AR Roots	.34+.56i		.34−.56i	

进一步对表 3-28 的模拟结果进行序列相关性的 Q 检验和 LM 检验，检验结果见表 3-29、表 3-30。从表 3-29、表 3-30 的检验结果可以看出，在 10% 显著性水平下，单位面积粮食产出模型模拟结果 20 不存在序列相关问题。

表3-29　单位面积粮食产出模型模拟结果20的 Q 检验结果表

Sample: 1980 2012

Included observations: 33

Q−statistic probabilities adjusted for 2 ARMA term(s)

续　表

Autocorrelation	Partial Correlation		AC	PAC	Q-Stat	Prob
. *| . |	. *| . |	1	-0.097	-0.097	0.3371	
. |*. |	. |*. |	2	0.173	0.165	1.4478	
. *| . |	. *| . |	3	-0.200	-0.177	2.9875	0.084
. |*. |	. | . |	4	0.095	0.044	3.3445	0.188
.**| . |	. *| . |	5	-0.249	-0.195	5.9010	0.117
. | . |	. | . |	6	0.046	-0.030	5.9929	0.200
.**| . |	.**| . |	7	-0.330	-0.276	10.831	0.055
. | . |	. *| . |	8	0.037	-0.083	10.895	0.092
. *| . |	. | . |	9	-0.109	-0.039	11.463	0.120
. |*. |	. | . |	10	0.148	0.003	12.561	0.128
.**| . |	.**| . |	11	-0.306	-0.334	17.481	0.042
. |** |	. |*. |	12	0.259	0.091	21.156	0.020
. *| . |	. *| . |	13	-0.142	-0.120	22.322	0.022
. |** |	. | . |	14	0.269	0.047	26.734	0.008
. *| . |	. | . |	15	-0.100	-0.055	27.374	0.011
. |*. |	. *| . |	16	0.083	-0.140	27.845	0.015

表3-30　单位面积粮食产出模型模拟结果20的*LM*检验结果表

Breusch-Godfrey Serial Correlation LM Test:			
F-statistic	1.442 381	Prob. F(2,19)	0.261 1
Obs*R-squared	4.349 928	Prob. Chi-Square(2)	0.113 6

Test Equation:
Dependent Variable: RESID

续　表

Method: Least Squares

Sample: 1980 2012

Included observations: 33

Presample missing value lagged residuals set to zero.

Variable	Coefficient	Std. Error	t-Statistic	Prob.
C	0.091 052	0.253 049	0.359 819	0.723 0
$\ln X_1$	0.009 604	0.097 483	0.098 523	0.922 5
X_3	-0.179 534	0.367 219	-0.488 902	0.630 5
X_4	0.067 883	0.104 872	0.647 293	0.525 2
$\ln X_5$	-0.008 898	0.277 368	-0.032 079	0.974 7
D_1	0.127 727	0.458 878	0.278 347	0.783 8
D_1*$\ln X_5$	-0.041 565	0.529 228	-0.078 539	0.938 2
D_1*X_3	0.140 636	0.368 546	0.381 596	0.707 0
D_1*X_4	-0.001 916	0.164 145	-0.011 670	0.990 8
D_1*$\ln X_1$	0.071 259	0.207 060	0.344 147	0.734 5
AR(1)	-0.225 891	0.875 196	-0.258 103	0.799 1
AR(2)	-0.375 762	0.316 205	-1.188 351	0.249 3
RESID(-1)	0.136 848	1.028 225	0.133 091	0.895 5
RESID(-2)	0.840 043	0.757 482	1.108 993	0.281 3
R-squared	0.131 816	Mean dependent var		3.03E-13
Adjusted R-squared	-0.462 205	S.D. dependent var		0.015 895
S.E. of regression	0.019 221	Akaike info criterion		-4.769 215
Sum squared resid	0.007 019	Schwarz criterion		-4.134 333

续　表

Log likelihood	92.692 04	Hannan–Quinn criter.	–4.555 596
F–statistic	0.221 905	Durbin–Watson stat	1.802 944
Prob(F–statistic)	0.995 981		

结合 $\ln X_1$、$\ln X_2$、X_3、X_4、$\ln X_5$ 分布图（图 3–2），考虑到数据的分散性不足可能是 X_3 等解释变量不能显著通过 t 检验的原因，因此，重新构建模型，将 X_3 等解释变量转换为 $dX_3 = X_3 - X_3(-1)$，$d\ln X_5 = \ln X_5 - \ln X_5(-1)$ 表达灌溉率、劳动力投入等的变化对粮食单产的影响。结果见表 3–31、表 3–32。

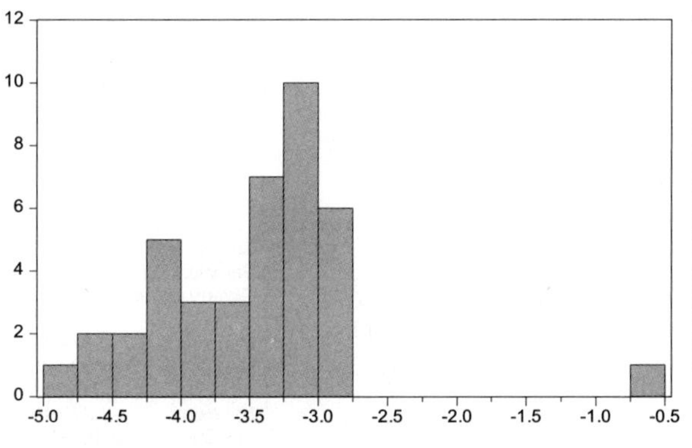

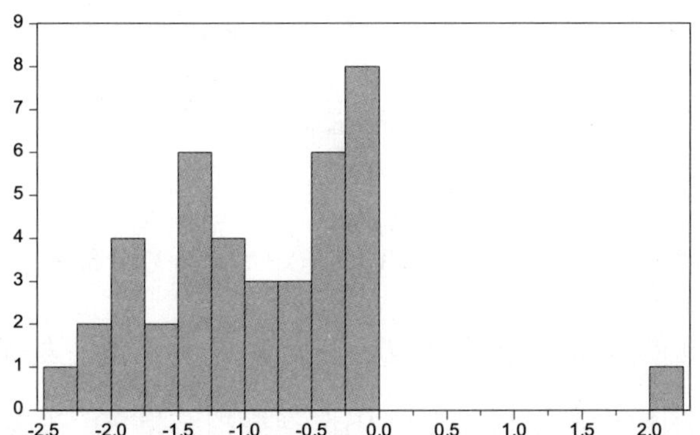

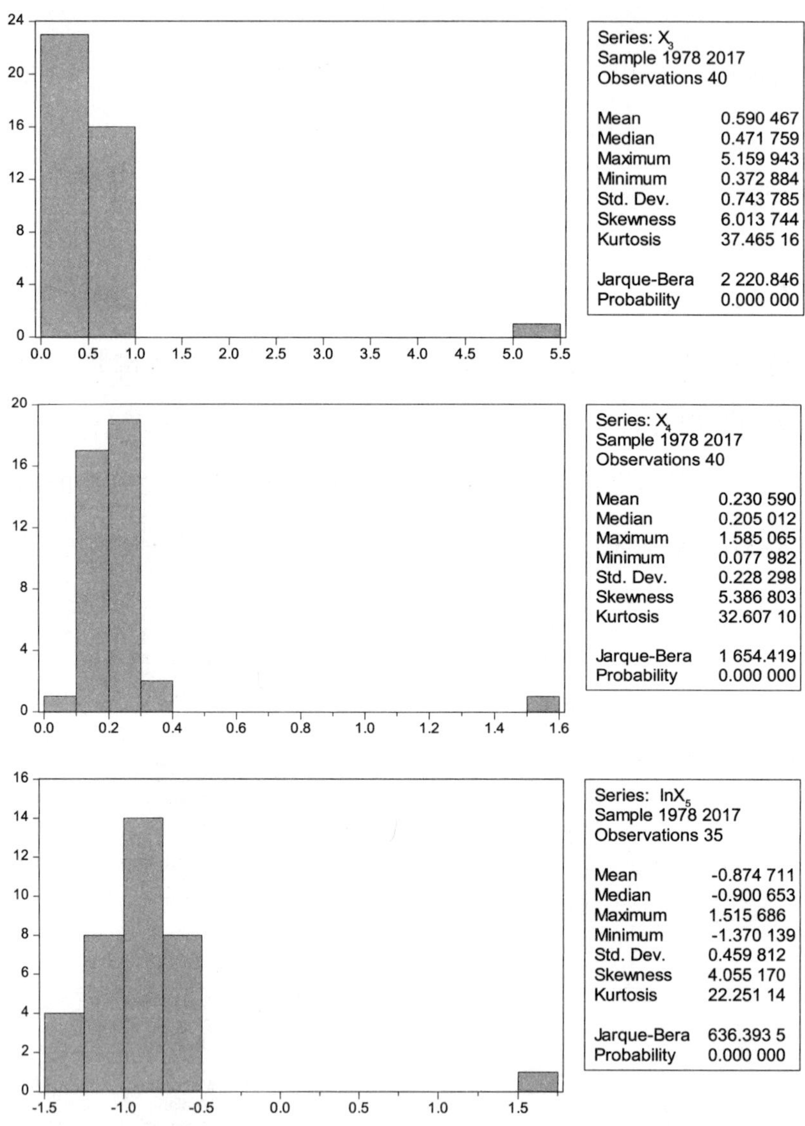

图 3-2　单位面积粮食产出模型：$\ln X_1$、$\ln X_2$、X_3、X_4、$\ln X_5$分布图

从表 3-31、表 3-32 模拟结果看，引入 dX_3、$d\ln X_5$ 并不能更好地改善模型结果。因此，单位面积粮食产出模型最终仍选择模拟结果20（表3-28）。

表3-31　单位面积粮食产出模型模拟结果21

Dependent Variable: ln$Y$

Method: Least Squares

Sample (adjusted): 1981 2012

Included observations: 32 after adjustments

Convergence achieved after 21 iterations

Variable	Coefficient	Std. Error	t-Statistic	Prob.
C	0.488 143	0.142 337	3.429 478	0.002 7
lnX_1	0.451 115	0.099 389	4.538 872	0.000 2
$D(X_3)$	−0.000 513	0.004 568	−0.112 329	0.911 7
X_4	−0.381 169	0.117 359	−3.247 883	0.004 0
lnX_5	−0.335 698	0.357 928	−0.937 890	0.359 5
D_1	−0.391 895	0.527 387	−0.743 089	0.466 1
D_1*lnX_5	−0.615 724	0.656 141	−0.938 403	0.359 2
D_1*X_3	0.746 495	0.182 205	4.097 004	0.000 6
D_1*X_4	0.085 180	0.175 373	0.485 708	0.632 5
D_1*lnX_1	0.161 663	0.246 533	0.655 747	0.519 5
AR(1)	0.879 265	0.230 494	3.814 697	0.001 1
AR(2)	−0.322 689	0.212 270	−1.520 186	0.144 1
R-squared	0.998 729	Mean dependent var		−0.808 180
Adjusted R-squared	0.998 030	S.D. dependent var		0.457 495
S.E. of regression	0.020 306	Akaike info criterion		−4.675 819
Sum squared resid	0.008 247	Schwarz criterion		−4.126 168
Log likelihood	86.813 10	Hannan-Quinn criter.		−4.493 625

续 表

F-statistic	1 428.717	Durbin-Watson stat	2.488 694
Prob(F-statistic)	0.000 000		
Inverted AR Roots	.44+.36i	.44-.36i	

表3-32　单位面积粮食产出模型模拟结果22

Dependent Variable: ln$Y$

Method: Least Squares

Sample (adjusted): 1981 2012

Included observations: 32 after adjustments

Convergence achieved after 22 iterations

Variable	Coefficient	Std. Error	t-Statistic	Prob.
C	0.515 445	0.106 649	4.833 082	0.000 1
lnX_1	0.367 464	0.025 265	14.544 19	0.000 0
D(X_3)	-0.075 358	0.107 399	-0.701 666	0.491 0
X_4	-0.436 811	0.109 758	-3.979 770	0.000 7
D(lnX_5)	0.153 536	0.221 244	0.693 969	0.495 7
D_1	-0.372 129	0.466 459	-0.797 775	0.434 4
D_1*lnX_5	-0.932 530	0.465 959	-2.001 314	0.059 1
D_1*X_3	0.745 732	0.165 551	4.504 558	0.000 2
D_1*X_4	0.099 856	0.176 752	0.564 949	0.578 4
D_1*lnX_1	0.253 525	0.194 136	1.305 916	0.206 4
AR(1)	0.773 787	0.217 359	3.559 941	0.002 0
AR(2)	-0.376 809	0.218 592	-1.723 797	0.100 2
R-squared	0.998 730	Mean dependent var		-0.808 180

续　表

Adjusted R-squared	0.998 031	S.D. dependent var	0.457 495
S.E. of regression	0.020 302	Akaike info criterion	-4.676 240
Sum squared resid	0.008 243	Schwarz criterion	-4.126 589
Log likelihood	86.819 84	Hannan-Quinn criter.	-4.494 046
F-statistic	1 429.319	Durbin-Watson stat	2.312 827
Prob(F-statistic)	0.000 000		
Inverted AR Roots	.39+.48i	.39-.48i	

因此，最终模型为表 3-28，即单位面积粮食产出模型模拟结果 20。其回归结果：

表3-33　单位面积粮食产出模型模拟结果20回归结果表

Dependent Variable: ln$Y$

Method: Least Squares

Sample (adjusted): 1980 2012

Included observations: 33 after adjustments

Convergence achieved after 13 iterations

Variable	Coefficient	Std. Error	t-Statistic	Prob.
C	0.837 246	0.199 429	4.198 220	0.000 4
lnX_1	0.327 488	0.075 580	4.333 001	0.000 3
X_3	-0.499 362	0.308 649	-1.617 899	0.120 6
X_4	-0.459 609	0.091 070	-5.046 770	0.000 1
lnX_5	0.250 268	0.234 183	1.068 685	0.297 3

续 表

D_1	−0.676 312	0.443 558	−1.524 745	0.142 2
D_1*lnX_5	−1.164 766	0.471 173	−2.472 056	0.022 1
D_1*X_3	1.226 846	0.335 371	3.658 173	0.001 5
D_1*X_4	0.152 319	0.158 928	0.958 414	0.348 8
D_1*lnX_1	0.293 591	0.187 207	1.568 272	0.131 8
AR(1)	0.683 263	0.213 776	3.196 159	0.004 3
AR(2)	−0.430 879	0.203 618	−2.116 108	0.046 5
R−squared	0.998 797	Mean dependent var		−0.822 984
Adjusted R−squared	0.998 167	S.D. dependent var		0.458 250
S.E. of regression	0.019 622	Akaike info criterion		−4.749 075
Sum squared resid	0.008 085	Schwarz criterion		−4.204 891
Log likelihood	90.359 74	Hannan−Quinn criter.		−4.565 974
F−statistic	1 584.769	Durbin−Watson stat		2.162 702
Prob(F−statistic)	0.000 000			
Inverted AR Roots	.34+.56i		.34−.56i	

单位面积粮食产出模型模拟结果 20 的方程形式表达：

$$\ln\hat{Y} = 0.837\,2 + 0.327\,5\ln X_1 - 0.499\,4\,X_3 - 0.459\,6\,X_4 + 0.250\,3\ln X_5 - 0.676\,3\,D_1$$

$$(4.20)\quad(4.33)\quad(-1.62)\quad(-5.05)\quad(1.07)\quad(-1.52)$$

$$-1.164\,8\,D_1\ln X_5 + 1.226\,8\,D_1X_3 + 0.152\,3\,D_1X_4 + 0.293\,6\,D_1\ln X_1$$

$$(-2.47)\quad(3.66)\quad(0.96)\quad(1.57)$$

$$+0.6833\text{AR}[1] - 0.4309\text{AR}[2]$$

$$(3.20)\quad(-2.12)$$

其中，$u_t = 0.6833 u_{t-1} + \varepsilon_t$

$u_{t-1} = -0.4309 u_{t-2} + \upsilon_{t-1}$

$Adjusted \quad R^2 = 0.9982$，$SSR = 0.0081$，$F = 1584.71$，$D.W. = 2.16$，$AIC = -4.75 \; SC = -4.20$

从模型结果可以看出，分析期间的化肥施用量、成灾率等均会显著影响单位面积粮食产出，而2000年后经济发展导致的农业劳动力剩余引发的第一产业从业人员向第一产业外的转移等显著改变了劳动投入、灌溉率、成灾率等对单位面积粮食产出的影响方式和速度。模型结果与农业生产理论和我国的农业生产实践相对吻合。

第二组模型：

表3-34　粮食总产出模型数据表

年　份	中国粮食产量 YZ	农用化肥施用折纯量（万吨）XZ_1	粮食作物播种面积（千公顷）XZ_2	农业机械总动力（万千瓦）XZ_3	有效灌溉面积（千公顷）XZ_4	成灾面积（千公顷）XZ_5	农业劳动力（万人）XZ_6
1978	30 476.5	884	120 587.2	11 749.9	44 965	24 457	30 637.8
1979	33 211.5	1 086.3	119 262.7	13 379.5	45 003.13	15 790	31 024.5
1980	32 055.5	1 269.4	117 234.27	14 745.75	44 888.07	29 777	31 835.9
1981	32 502	1 334.9	114 957.67	15 680.1	44 573.8	18 743	32 672.3
1982	35 450	1 513.4	113 462.4	16 614.21	44 176.87	16 117	33 866.5
1983	38 727.5	1 659.8	114 047.2	18 021.9	44 644.07	16 209	34 689.8
1984	40 730.5	1 739.8	112 883.93	19 497.22	44 453	15 607	35 967.6
1985	37 910.8	1 775.8	108 845.13	20 912.5	44 035.9	22 705	37 065.1
1986	39 151.2	1 930.6	110 932.6	22 950	44 225.8	23 656	37 989.8

续 表

年　份	中国粮食产量 YZ	农用化肥施用折纯量（万吨）XZ_1	粮食作物播种面积（千公顷）XZ_2	农业机械总动力（万千瓦）XZ_3	有效灌溉面积（千公顷）XZ_4	成灾面积（千公顷）XZ_5	农业劳动力（万人）XZ_6
1987	40 297.7	1 999.3	111 267.77	24 836	44 403	20 393	39 000.4
1988	39 408.1	2 141.5	110 122.6	26 575	52 296	24 503	40 066.7
1989	40 754.9	2 357.1	112 204.67	28 067	53 158	24 449	40 938.8
1990	44 624.3	2 590.3	113 465.87	28 707.7	47 403.1	17 819	42 009.5
1991	43 529.3	2 805.1	112 313.6	29 388.6	47 822.1	27 814	43 092.5
1992	44 265.8	2 930.2	110 559.7	30 308.4	48 590.1	25 893	43 801.6
1993	45 648.8	3 151.8	110 508.7	31 816.6	48 727.9	23 134	44 255.7
1994	44 510.1	3 317.9	109 543.7	33 802.5	48 759.1	31 382	44 654.1
1995	46 661.8	3 593.7	110 060.4	36 118.1	49 281.2	22 267	45 041.8
1996	50 453.5	3 827.9	112 547.92	38 546.9	50 381.4	21 234	45 288
1997	49 417.1	3 980.7	112 912.1	42 015.6	51 238.5	30 307	46 234.3
1998	51 229.53	4 084	113 787.4	45 207.7	52 295.6	25 181	46 232.3
1999	50 838.58	4 124.3	113 160.98	48 996.12	53 158.4	26 731	46 896.49
2000	46 217.52	4 146.41	108 462.54	52 573.61	53 820.3	34 374	47 962.14
2001	45 263.67	4 253.76	106 080.03	55 172.1	54 249.4	31 793	48 228.94
2002	45 705.75	4 339.39	103 890.83	57 929.85	54 354.8	27 160	48 526.85
2003	43 069.53	4 411.6	99 410.37	60 386.54	54 014.2	32 516	48 971.02
2004	46 946.95	4 636.6	101 606.03	64 027.91	54 478.4	16 297	49 695.28
2005	48 402.19	4 766.22	104 278.38	68 397.85	55 029.3	19 996	50 387.26
2006	49 804.23	4 927.69	104 958	72 522.12	55 750.5	24 632	50 976.81
2007	50 413.86	5 107.83	105 998.62	76 589.56	56 518.3	25 064	51 435.74

续　表

年　份	中国粮食产量 YZ	农用化肥施用折纯量（万吨）XZ_1	粮食作物播种面积（千公顷）XZ_2	农业机械总动力（万千瓦）XZ_3	有效灌溉面积（千公顷）XZ_4	成灾面积（千公顷）XZ_5	农业劳动力（万人）XZ_6
2008	53 434.29	5 239.02	107 544.5	82 190.4	58 471.7	22 284	52 025.64
2009	53 940.86	5 404.4	110 255.09	87 496.1	59 261.4	21 234	52 599.3
2010	55 911.31	5 561.68	11 695.42	92 780.48	60 347.7	18 538	53 243.93
2011	58 849.33	5 704.24	112 980.35	97 734.66	61 681.6	12 441	53 685.44
2012	61 222.62	5 838.85	114 368.04	102 558.96	62 490.5	11 475	53 857.88
2013	63 048.2	5 911.86	115 907.55	103 906.75	63 473.3	14 303	–
2014	63 964.83	5 995.94	117 455.18	108 056.6	64 539.53	12 678	–
2015	66 060.27	6 022.6	118 962.81	111 728.1	65 872.64	12 380	–
2016	66 043.52	5 984.1	119 230.07	97 246	67 140.62	13 670	–
2017	66 160.72	5 859.41	117 989.06	98 783	67 815.57	9 201	–

我们知道，粮食总产出 $YZ=f(XZ_1,XZ_2,XZ_3,XZ_4,XZ_5,XZ_6,\ )$。依据 C–D 生产函数 $Y=AL^{\alpha}K^{\beta}$，可知产出函数与投入之间不是简单的直线型的线性关系。为此，等式两边同时取自然对数，可以将 CD 生产函数的非线性关系转化为线性关系，形成线性关系式 $\ln Y=\ln A+\alpha\ln L+\beta\ln K$。由此，我们将粮食总产出模型设定为 $\ln YZ=\beta_0+\beta_1\ln XZ_1+\beta_2\ln XZ_2+\beta_3\ln XZ_3+\beta_4\ln XZ_4+\beta_5\ln XZ_5+\beta_6\ln XZ_6+\gamma$。

在 Eviews 中新建一个工作文件，输入命令 *data YZ* XZ_1 XZ_2 XZ_3 XZ_4 XZ_5 XZ_6，输入相应数据，依次键入命令 *genr* $\ln YZ=\lg(YZ)$，*genr* $\ln XZ_1=\lg(XZ_1)$，*genr* $\ln XZ_2=\lg(XZ_2)$，*genr* $\ln XZ_3=\lg(XZ_3)$，*genr*

$\ln XZ_4 = \lg(XZ_4)$ ，*genr* $\ln XZ_5 = \lg(XZ_5)$ ，*genr* $\ln XZ_6 = \lg(XZ_6)$ ， *is* YZ XZ_1 XZ_2 XZ_3 XZ_4 XZ_5 XZ_6 ，即得到粮食总产出模型模拟结果 1（表 3-35）。

表3-35　粮食总产出模型模拟结果1

Dependent Variable: ln*YZ*

Method: Least Squares

Sample (adjusted): 1978 2012

Included observations: 35 after adjustments

Variable	Coefficient	Std. Error	t-Statistic	Prob.
C	4.624 420	4.044 432	1.143 404	0.262 6
$\ln XZ_1$	0.363 726	0.132 815	2.738 597	0.010 6
$\ln XZ_2$	−0.010 897	0.021 326	−0.510 974	0.613 4
$\ln XZ_3$	−0.203 764	0.093 854	−2.171 082	0.038 6
$\ln XZ_4$	0.211 074	0.239 715	0.880 522	0.386 1
$\ln XZ_5$	−0.158 564	0.032 154	−4.931 457	0.000 0
$\ln XZ_6$	0.443 296	0.438 411	1.011 143	0.320 6

R-squared	0.945 015	Mean dependent var	10.697 93
Adjusted R-squared	0.933 232	S.D. dependent var	0.171 446
S.E. of regression	0.044 301	Akaike info criterion	−3.218 772
Sum squared resid	0.054 952	Schwarz criterion	−2.907 702
Log likelihood	63.328 51	Hannan-Quinn criter.	−3.111 391
F-statistic	80.204 80	Durbin-Watson stat	0.660 322
Prob(F-statistic)	0.000 000		

考虑到模型可能存在变量间的相关性导致的多重共线性问题使本来对被解释变量有显著影响的变量在模型模拟中不显著，在 Eviews 工作文件中键入命令 *cor* $\ln YZ$ $\ln XZ_1$ $\ln XZ_2$ $\ln XZ_3$ $\ln XZ_4$ $\ln XZ_5$ $\ln XZ_6$，以分析了解变量间的相关性问题，判断模型是否存在多重共线性，可能是哪些变量共存导致了多重共线性的存在。粮食总产出模型变量间相关系数表如表 3–33 所示。

从表 3–36 可以看出，大多数解释变量间的相关系数都达到了 0.8 及以上，说明这些解释变量共存于同一个模型中可能会由于变量间的密切关联导致模型产生严重的共线性，使本来可以显著通过变量的显著性检验 *t* 检验的变量不能通过，从而导致将重要的解释变量排除在模型外。

表3–36　粮食总产出模型变量间相关系数表

	$\ln YZ$	$\ln XZ_1$	$\ln XZ_2$	$\ln XZ_3$	$\ln XZ_4$	$\ln XZ_5$	$\ln XZ_6$
$\ln YZ$	1.000 000	0.946 651	−0.278 553	0.923 054	0.847 212	−0.125 910	0.940 684
$\ln XZ_1$	0.946 651	1.000 000	−0.268 877	0.973 697	0.885 949	0.072 152	0.993 553
$\ln XZ_2$	−0.278 553	−0.268 877	1.000 000	−0.316 647	−0.324 615	0.083 060	−0.279 515
$\ln XZ_3$	0.923 054	0.973 697	−0.316 647	1.000 000	0.944 171	−0.023 841	0.977 563
$\ln XZ_4$	0.847 212	0.885 949	−0.324 615	0.944 171	1.000 000	−0.060 845	0.897 541
$\ln XZ_5$	−0.125 910	0.072 152	0.083 060	−0.023 841	−0.060 845	1.000 000	0.074 038
$\ln XZ_6$	0.940 684	0.993 553	−0.279 515	0.977 563	0.897 541	0.074 038	1.000 000

考虑到模型可能存在的多重共线性问题，这里采用逐步回归分析法进行模型模拟。分别在 Eviews 工作文件中进行被解释变量 $\ln YZ$ 关于 $\ln XZ_1$、$\ln XZ_2$、$\ln XZ_3$、$\ln XZ_4$、$\ln XZ_5$、$\ln XZ_6$ 的单因素回归分析，得

到的结果见表 3-37、表 3-38、表 3-39、表 3-40、表 3-41、表 3-42。结合解释变量的经济含义比较解释变量前参数的大小、方向、符号、显著性与模型的拟合优度时，我们可选取 $\ln XZ_1$ 作为粮食总产出 $\ln YZ$ 模型模拟中的基础变量。

表3-37　粮食总产出模型模拟结果2

Dependent Variable: $\ln YZ$

Method: Least Squares

Sample: 1978 2017

Included observations: 40

Variable	Coefficient	Std. Error	t-Statistic	Prob.
C	7.907 672	0.179 382	44.082 92	0.000 0
$\ln XZ_1$	0.350 765	0.022 119	15.858 18	0.000 0
R-squared	0.868 731	Mean dependent var		10.746 04
Adjusted R-squared	0.865 277	S.D. dependent var		0.205 653
S.E. of regression	0.075 484	Akaike info criterion		-2.281 073
Sum squared resid	0.216 520	Schwarz criterion		-2.196 629
Log likelihood	47.621 46	Hannan-Quinn criter.		-2.250 541
F-statistic	251.481 9	Durbin-Watson stat		0.297 025
Prob(F-statistic)	0.000 000			

表3-38　粮食总产出模型模拟结果3

Dependent Variable: $\ln YZ$

Method: Least Squares

续　表

Sample: 1978 2017				
Included observations: 40				
Variable	Coefficient	Std. Error	t-Statistic	Prob.
C	11.674 21	1.063 722	10.974 86	0.000 0
$\ln XZ_2$	−0.080 252	0.091 929	−0.872 980	0.388 2
R-squared	0.019 661	Mean dependent var		10.746 04
Adjusted R-squared	−0.006 138	S.D. dependent var		0.205 653
S.E. of regression	0.206 284	Akaike info criterion		−0.270 423
Sum squared resid	1.617 011	Schwarz criterion		−0.185 979
Log likelihood	7.408 461	Hannan-Quinn criter.		−0.239 891
F-statistic	0.762 094	Durbin-Watson stat		0.101 427
Prob(F-statistic)	0.388 157			

表3-39　粮食总产出模型模拟结果4

Dependent Variable: $\ln YZ$				
Method: Least Squares				
Sample: 1978 2017				
Included observations: 40				
Variable	Coefficient	Std. Error	t-Statistic	Prob.
C	7.716 870	0.184 990	41.715 05	0.000 0
$\ln XZ_3$	0.284 249	0.017 325	16.406 97	0.000 0
R-squared	0.876 297	Mean dependent var		10.746 04
Adjusted R-squared	0.873 042	S.D. dependent var		0.205 653
S.E. of regression	0.073 277	Akaike info criterion		−2.340 442

续 表

Sum squared resid	0.204 040	Schwarz criterion	−2.255 998
Log likelihood	48.808 84	Hannan−Quinn criter.	−2.309 910
F−statistic	269.188 5	Durbin−Watson stat	0.372 893
Prob(F−statistic)	0.000 000		

表3−40　粮食总产出模型模拟结果5

Dependent Variable: ln*YZ*

Method: Least Squares

Sample: 1978 2017

Included observations: 40

Variable	Coefficient	Std. Error	t−Statistic	Prob.
C	−4.541 335	1.138 829	−3.987 723	0.000 3
$\ln XZ_4$	1.406 602	0.104 777	13.424 74	0.000 0
R−squared	0.825 867	Mean dependent var		10.746 04
Adjusted R−squared	0.821 284	S.D. dependent var		0.205 653
S.E. of regression	0.086 940	Akaike info criterion		−1.998 501
Sum squared resid	0.287 222	Schwarz criterion		−1.914 057
Log likelihood	41.970 02	Hannan−Quinn criter.		−1.967 969
F−statistic	180.223 7	Durbin−Watson stat		0.670 866
Prob(F−statistic)	0.000 000			

表3−41　粮食总产出模型模拟结果6

Dependent Variable: ln*YZ*

Method: Least Squares

续　表

Sample: 1978 2017				
Included observations: 40				
Variable	Coefficient	Std. Error	t-Statistic	Prob.
C	13.665 31	0.910 638	15.006 31	0.000 0
$\ln XZ_5$	−0.293 901	0.091 632	−3.207 399	0.002 7
R-squared	0.213 045	Mean dependent var		10.746 04
Adjusted R-squared	0.192 336	S.D. dependent var		0.205 653
S.E. of regression	0.184 821	Akaike info criterion		−0.490 151
Sum squared resid	1.298 035	Schwarz criterion		−0.405 707
Log likelihood	11.803 02	Hannan-Quinn criter.		−0.459 619
F-statistic	10.287 41	Durbin-Watson stat		0.115 346
Prob(F-statistic)	0.002 718			

表3-42　粮食总产出模型模拟结果7

Dependent Variable: $\ln YZ$				
Method: Least Squares				
Sample (adjusted): 1978 2012				
Included observations: 35 after adjustments				
Variable	Coefficient	Std. Error	t-Statistic	Prob.
C	0.596 513	0.634 305	0.940 419	0.353 8
$\ln XZ_6$	0.946 269	0.059 412	15.927 14	0.000 0
R-squared	0.884 887	Mean dependent var		10.697 93
Adjusted R-squared	0.881 398	S.D. dependent var		0.171 446
S.E. of regression	0.059 044	Akaike info criterion		−2.765 630

续　表

Sum squared resid	0.115 043	Schwarz criterion	−2.676 753
Log likelihood	50.398 53	Hannan−Quinn criter.	−2.734 950
F−statistic	253.673 7	Durbin−Watson stat	0.682 895
Prob(F−statistic)	0.000 000		

在粮食总产出模型模拟结果 2（表 3−37）中加入 $\ln XZ_2$，形成粮食总产出模型模拟结果 8（表 3−43）。对比表 3−37 模拟结果，发现 $\ln XZ_2$ 变量的加入并没有显著改变模型基础变量 $\ln XZ_1$ 的大小、方向、符号、显著性和模型的拟合优度，同时 $\ln XZ_2$ 的参数也无法在 10% 显著性水平下拒绝为零的假定。因此，可以判定 $\ln XZ_2$ 为可有可无的变量。这里选择舍去 $\ln XZ_2$ 变量，继续在原有模型（表 3−37）基础上加入变量 $\ln XZ_3$，形成表 3−44。观察表 3−44，发现 $\ln XZ_3$ 变量的加入提升了模型的拟合优度，但并没有显著改变模型基础变量 $\ln XZ_1$ 的大小、方向、符号、显著性、模型的拟合优度，同时 $\ln XZ_2$ 的参数在 5% 显著性水平下显著不为零。因此，可以判定 $\ln XZ_3$ 为有利变量，应该留在模型中。之后，在模型中已有解释变量 $\ln XZ_1$、$\ln XZ_3$ 的情况下，继续加入变量 $\ln XZ_4$、变量 $\ln XZ_5$、变量 $\ln XZ_6$，形成表 3−45、表 3−46、表 3−47 等。观察发现，变量间强相关性的存在导致无法得到更好的符合经济预期和经济实践的回归结果。由此，我们尝试改变变量形式为 $\ln YZ = \beta_0 + \beta_1 \ln XZ_1 + \beta_2 \ln XZ_2 + \beta_3(\frac{XZ_3}{XZ_2}) + \beta_4(\frac{XZ_4}{XZ_2}) + \beta_5(\frac{XZ_5}{XZ_2}) + \beta_6 \ln XZ_6 + \gamma$，以尽可能地削弱变量间的相关关系。其中，$XZ_3 / XZ_2$ 表达机械动力投入强

度（用单位播种面积上的机械动力投入表示），XZ_4/XZ_2表达灌溉率（用有效灌溉面积除以播种面积表示），XZ_5/XZ_2表达成灾率（用成灾面积除以播种面积表示），并由此形成表 3-48 的回归结果。

表3-43　粮食总产出模型模拟结果8

Dependent Variable: ln*YZ*

Method: Least Squares

Sample: 1978 2017

Included observations: 40

Variable	Coefficient	Std. Error	t-Statistic	Prob.
C	7.617 308	0.470 720	16.182 25	0.000 0
$\ln XZ_1$	0.353 678	0.022 705	15.577 39	0.000 0
$\ln XZ_2$	0.023 067	0.034 530	0.668 035	0.508 3

R-squared	0.870 295	Mean dependent var	10.746 04
Adjusted R-squared	0.863 284	S.D. dependent var	0.205 653
S.E. of regression	0.076 041	Akaike info criterion	−2.243 062
Sum squared resid	0.213 940	Schwarz criterion	−2.116 396
Log likelihood	47.861 25	Hannan-Quinn criter.	−2.197 264
F-statistic	124.131 8	Durbin-Watson stat	0.313 470
Prob(F-statistic)	0.000 000		

表3-44　粮食总产出模型模拟结果9

Dependent Variable: ln*YZ*

Method: Least Squares

续 表

Sample: 1978 2017				
Included observations: 40				
Variable	Coefficient	Std. Error	t-Statistic	Prob.
C	7.759 461	0.183 472	42.292 45	0.000 0
$\ln XZ_1$	0.148 115	0.093 918	1.577 073	0.123 3
$\ln XZ_3$	0.167 785	0.075 779	2.214 148	0.033 1
R-squared	0.884 089	Mean dependent var		10.746 04
Adjusted R-squared	0.877 824	S.D. dependent var		0.205 653
S.E. of regression	0.071 884	Akaike info criterion		-2.355 500
Sum squared resid	0.191 188	Schwarz criterion		-2.228 834
Log likelihood	50.109 99	Hannan-Quinn criter.		-2.309 701
F-statistic	141.105 3	Durbin-Watson stat		0.361 719
Prob(F-statistic)	0.000 000			

表3-45　粮食总产出模型模拟结果10

Dependent Variable: $\ln YZ$				
Method: Least Squares				
Sample: 1978 2017				
Included observations: 40				
Variable	Coefficient	Std. Error	t-Statistic	Prob.
C	0.907 489	2.504 093	0.362 402	0.719 2
$\ln XZ_1$	0.290 756	0.101 014	2.878 377	0.006 7
$\ln XZ_3$	-0.087 904	0.116 506	-0.754 504	0.455 5

续　表

$\ln XZ_4$	0.774 965	0.282 568	2.742 574	0.009 4
R-squared	0.904 122	Mean dependent var		10.746 04
Adjusted R-squared	0.896 132	S.D. dependent var		0.205 653
S.E. of regression	0.066 279	Akaike info criterion		−2.495 241
Sum squared resid	0.158 146	Schwarz criterion		−2.326 353
Log likelihood	53.904 81	Hannan-Quinn criter.		−2.434 176
F-statistic	113.158 5	Durbin-Watson stat		0.659 096
Prob(F-statistic)	0.000 000			

表3-46 粮食总产出模型模拟结果11

Dependent Variable: $\ln YZ$

Method: Least Squares

Sample: 1978 2017

Included observations: 40

Variable	Coefficient	Std. Error	t-Statistic	Prob.
C	8.415 384	1.611 655	5.221 580	0.000 0
$\ln XZ_1$	0.300 733	0.034 169	8.801 286	0.000 0
$\ln XZ_4$	0.140 517	0.153 108	0.917 762	0.364 9
$\ln XZ_5$	−0.164 105	0.030 335	−5.409 785	0.000 0
R-squared	0.946 278	Mean dependent var		10.746 04
Adjusted R-squared	0.941 801	S.D. dependent var		0.205 653
S.E. of regression	0.049 613	Akaike info criterion		−3.074 500
Sum squared resid	0.088 611	Schwarz criterion		−2.905 612
Log likelihood	65.490 00	Hannan-Quinn criter.		−3.013 435

F-statistic	211.372 3	Durbin-Watson stat	0.507 877
Prob(F-statistic)	0.000 000		

表3-47　粮食总产出模型模拟结果12

Dependent Variable: lnYZ

Method: Least Squares

Sample (adjusted): 1978 2012

Included observations: 35 after adjustments

Variable	Coefficient	Std. Error	t-Statistic	Prob.
C	9.088 332	3.332 311	2.727 336	0.010 4
lnXZ_1	0.295 293	0.131 312	2.248 782	0.031 8
lnXZ_5	−0.125 166	0.029 629	−4.224 445	0.000 2
lnXZ_6	0.046 640	0.409 216	0.113 973	0.910 0
R-squared	0.934 091	Mean dependent var		10.697 93
Adjusted R-squared	0.927 713	S.D. dependent var		0.1714 46
S.E. of regression	0.046 096	Akaike info criterion		−3.208 992
Sum squared resid	0.065 869	Schwarz criterion		−3.031 238
Log likelihood	60.157 35	Hannan-Quinn criter.		−3.147 631
F-statistic	146.449 0	Durbin-Watson stat		0.454 557
Prob(F-statistic)	0.000 000			

观察表3-48可以发现，除劳动力投入$\ln XZ_6$外，化肥投入$\ln XZ_1$、播种面积$\ln XZ_2$、机械动力投入强度（用单位播种面积上的机械动力投入表示）XZ_3/XZ_2、灌溉率（用有效灌溉面积除以播种面积表示）

XZ_4 / XZ_2、成灾率（用成灾面积除以播种面积表示）XZ_5 / XZ_2 等均显著影响着粮食总产出，且参数大小、方向、符号符合农业生产实践与农业生产理论，因此可以认为表 3-48 的模型回归结果相对较好。

表3-48　粮食总产出模型模拟结果13

Dependent Variable: ln*YZ*

Method: Least Squares

Sample (adjusted): 1978 2012

Included observations: 35 after adjustments

Variable	Coefficient	Std. Error	t-Statistic	Prob.
C	-5.791 658	4.117 555	-1.406 577	0.170 6
$\ln XZ_1$	0.313 031	0.103 367	3.028 344	0.005 2
$\ln XZ_2$	1.040 918	0.238 761	4.359 668	0.000 2
XZ_3/XZ_2	-0.251 835	0.096 158	-2.618 959	0.014 1
XZ_4/XZ_2	1.075 007	0.223 981	4.799 553	0.000 0
XZ_5/XZ_2	-0.588 430	0.145 969	-4.031 199	0.000 4
$\ln XZ_6$	0.151 924	0.329 113	0.461 617	0.647 9
R-squared	0.963 398	Mean dependent var		10.697 93
Adjusted R-squared	0.955 555	S.D. dependent var		0.171 446
S.E. of regression	0.036 144	Akaike info criterion		-3.625 731
Sum squared resid	0.036 580	Schwarz criterion		-3.314 661
Log likelihood	70.450 29	Hannan-Quinn criter.		-3.518 350
F-statistic	122.830 8	Durbin-Watson stat		0.831 056
Prob(F-statistic)	0.000 000			

这里，新建变量 D_1（D_1=1，2000 年以后；D_1=0，2000 年及以前年度），2000 年前后我国农业劳动力剩余问题突现可能是造成劳动力投入对粮食总产出影响不显著的原因，这里以 2000 年为节点进行断点检验。断点检验结果如表 3-49 所示。观察表 3-49 发现，2000 年确实构成断点，2000 年前后模型应该发生了显著的结构变化。结合图 3-3 粮食总产出模型变量散点图（图 3-3）看，$\ln XZ_1$、XZ_3/XZ_2、$\ln XZ_6$ 对变量 $\ln YZ$ 的影响可能在 2000 年前后发生了显著的结构改变，可能的改变既包含截距项又包含斜率项。

表3-49　粮食总产出模型模拟结果13的断点检验结果

Chow Breakpoint Test: 2000

Null Hypothesis: No breaks at specified breakpoints

Varying regressors: All equation variables

Equation Sample: 1978 2012

F-statistic	12.063 11	Prob. F(7,21)	0.000 0
Log likelihood ratio	56.477 28	Prob. Chi-Square(7)	0.000 0
Wald Statistic	84.441 80	Prob. Chi-Square(7)	0.000 0

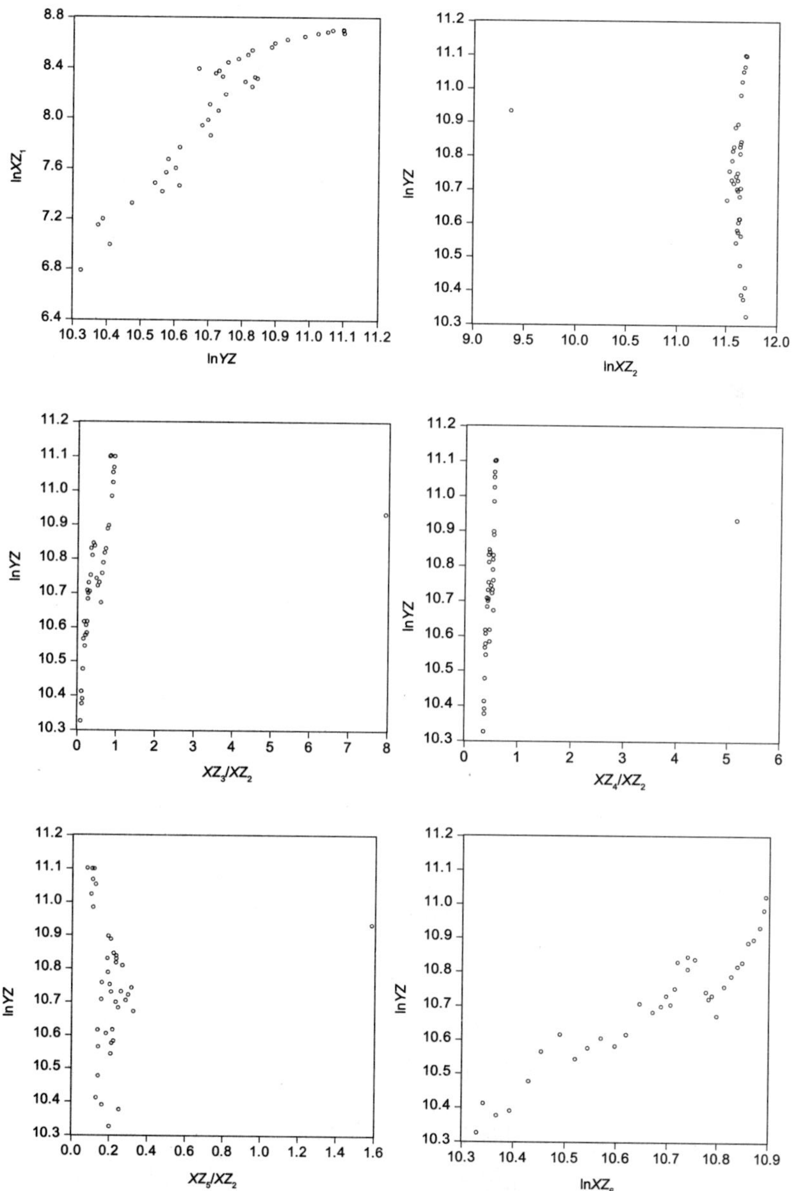

图 3-3　粮食总产出 $\ln YZ$ 与 $\ln XZ_1$、$\ln XZ_2$、XZ_3/XZ_2、XZ_4/XZ_2、XZ_5/XZ_2、$\ln XZ_6$ 变量关系图

由此，以混合类型方式引入虚拟变量，形成粮食总产出模型模拟结果14（表3–50）。观察发现，相较粮食总产出模型模拟结果13（表3–18），以混合类型方式引入虚拟变量反映分析期结构变化的模型（表3–50）表现更好，尤其在机械动力投入、劳动力投入对粮食总产出的影响方面。

表3–50 粮食总产出模型模拟结果14

Dependent Variable: ln*YZ*

Method: Least Squares

Sample (adjusted): 1978 2012

Included observations: 35 after adjustments

Variable	Coefficient	Std. Error	t–Statistic	Prob.
C	–5.975 404	3.705 415	–1.612 614	0.119 9
$\ln XZ_1$	0.225 492	0.092 310	2.442 772	0.022 3
$\ln XZ_2$	0.769 997	0.218 208	3.528 732	0.001 7
XZ_3/XZ_2	0.058 063	0.270 906	0.214 328	0.832 1
XZ_4/XZ_2	–0.576 989	0.341 836	–1.687 910	0.104 4
XZ_5/XZ_2	–0.470 239	0.120 362	–3.906 862	0.000 7
$\ln XZ_6$	0.588 286	0.255 587	2.301 710	0.030 3
D_1	0.792 179	30.382 60	0.026 073	0.979 4
$D_1*\ln XZ_1$	–0.963 062	1.383 404	–0.696 153	0.493 0
$D_1*(XZ_3/XZ_2)$	0.653 992	0.300 137	2.178 979	0.039 4
$D_1*\ln XZ_6$	0.637 190	3.862 045	0.164 988	0.870 3
R–squared	0.985 422	Mean dependent var		10.697 93
Adjusted R–squared	0.979 347	S.D. dependent var		0.171 446

续　表

S.E. of regression	0.024 639	Akaike info criterion	–4.317 726
Sum squared resid	0.014 569	Schwarz criterion	–3.828 902
Log likelihood	86.560 21	Hannan–Quinn criter.	–4.148 984
F–statistic	162.227 8	Durbin–Watson stat	0.950 858
Prob(F–statistic)	0.000 000		

考虑到时间序列数据模型，结合粮食总产出模型模拟结果 14 的序列表现，模型可能存在序列相关问题。这里，我们采用 *Q* 检验和 *LM* 检验对粮食总产出模型模拟结果 14 进行序列相关检验。

粮食总产出模拟结果 14 的 *Q* 检验和 *LM* 检验结果分别如表 3–51、表 3–52 所示。结合表 3–51 和表 3–52 结果可以发现，模型存在序列相关问题。这里，采用科克伦 – 奥科特迭代法进行序列相关的修正，形成表 3–53 和表 3–56。其中，表 3–53 是一次迭代的模型结果，表 3–56 是二次迭代的模型结果。结合粮食总产出模型模拟结果 15 的序列相关的 *LM* 检验结果（表 3–54）和 *Q* 检验结果（表 3–55）和粮食总产出模型模拟结果 16（表 3–56）的序列相关的 *Q* 检验结果（表 3–58）和 *LM* 检验结果（表 3–57）看，二次迭代（表 3–56）对模型的序列相关问题的修正较好，模型性质也更为优良。结合粮食总产出模型模拟结果 16 的实际值、估计值与残差序列图（图 3–4），我们可以认为，粮食总产出模型模拟结果 16（表 3–56）能较好地描述粮食总产出与其各项投入之间的关系。

表3-51 粮食总产出模型模拟结果14的估计值、实际值与残差

<table>
<tr><th>obs</th><th>Actual</th><th>Fitted</th><th>Residual</th><th>Residual Plot</th></tr>
<tr><td>1978</td><td>10.324 7</td><td>10.335 6</td><td>−0.010 92</td><td>| . *| . |</td></tr>
<tr><td>1979</td><td>10.410 7</td><td>10.412 4</td><td>−0.001 72</td><td>| . * . |</td></tr>
<tr><td>1980</td><td>10.375 2</td><td>10.389 9</td><td>−0.014 66</td><td>| .* | . |</td></tr>
<tr><td>1981</td><td>10.389 1</td><td>10.442 0</td><td>−0.052 92</td><td>| * . | . |</td></tr>
<tr><td>1982</td><td>10.475 9</td><td>10.490 8</td><td>−0.014 96</td><td>| .* | . |</td></tr>
<tr><td>1983</td><td>10.564 3</td><td>10.529 2</td><td>0.035 13</td><td>| . | .* |</td></tr>
<tr><td>1984</td><td>10.614 7</td><td>10.554 5</td><td>0.060 24</td><td>| . | . *|</td></tr>
<tr><td>1985</td><td>10.543 0</td><td>10.510 6</td><td>0.032 42</td><td>| . | .* |</td></tr>
<tr><td>1986</td><td>10.575 2</td><td>10.560 6</td><td>0.014 57</td><td>| . | *. |</td></tr>
<tr><td>1987</td><td>10.604 0</td><td>10.601 1</td><td>0.002 97</td><td>| . |* . |</td></tr>
<tr><td>1988</td><td>10.581 7</td><td>10.563 3</td><td>0.018 39</td><td>| . | *. |</td></tr>
<tr><td>1989</td><td>10.615 3</td><td>10.615 4</td><td>−5.4E−05</td><td>| . * . |</td></tr>
<tr><td>1990</td><td>10.706 0</td><td>10.721 5</td><td>−0.015 50</td><td>| .* | . |</td></tr>
<tr><td>1991</td><td>10.681 2</td><td>10.699 9</td><td>−0.018 70</td><td>| .* | . |</td></tr>
<tr><td>1992</td><td>10.698 0</td><td>10.706 4</td><td>−0.008 38</td><td>| . *| . |</td></tr>
<tr><td>1993</td><td>10.728 7</td><td>10.740 2</td><td>−0.011 42</td><td>| . *| . |</td></tr>
<tr><td>1994</td><td>10.703 5</td><td>10.712 8</td><td>−0.009 30</td><td>| . *| . |</td></tr>
<tr><td>1995</td><td>10.750 7</td><td>10.778 7</td><td>−0.027 99</td><td>| *. | . |</td></tr>
<tr><td>1996</td><td>10.828 8</td><td>10.820 6</td><td>0.008 16</td><td>| . |* . |</td></tr>
<tr><td>1997</td><td>10.808 1</td><td>10.804 8</td><td>0.003 25</td><td>| . |* . |</td></tr>
<tr><td>1998</td><td>10.844 1</td><td>10.836 8</td><td>0.007 30</td><td>| . |* . |</td></tr>
<tr><td>1999</td><td>10.836 4</td><td>10.832 3</td><td>0.004 10</td><td>| . |* . |</td></tr>
</table>

续　表

obs	Actual	Fitted	Residual	Residual Plot
2000	10.741 1	10.718 5	0.022 62	| . | * |
2001	10.720 3	10.713 9	0.006 40	| . |* . |
2002	10.730 0	10.728 6	0.001 43	| . * . |
2003	10.670 6	10.686 6	−0.016 01	| .* | . |
2004	10.756 8	10.783 4	−0.026 63	| * | . |
2005	10.787 3	10.808 5	−0.021 18	| .* | . |
2006	10.815 9	10.805 9	0.009 92	| . |* . |
2007	10.828 0	10.818 5	0.009 49	| . |* . |
2008	10.886 2	10.862 3	0.023 88	| . | * |
2009	10.895 6	10.903 4	−0.007 71	| . *| . |
2010	10.931 5	10.931 4	0.000 16	| . * . |
2011	10.982 7	10.992 2	−0.009 44	| . *| . |
2012	11.022 3	11.015 2	0.007 07	| . |* . |

表3-52　粮食总产出模型模拟结果14的*LM*检验结果表

Breusch–Godfrey Serial Correlation LM Test:			
F–statistic	7.176 644	Prob. F(2,22)	0.004 0
Obs*R–squared	13.818 97	Prob. Chi–Square(2)	0.001 0
Test Equation:			
Dependent Variable: RESID			
Method: Least Squares			
Sample: 1978 2012			

续 表

Included observations: 35

Presample missing value lagged residuals set to zero.

Variable	Coefficient	Std. Error	t-Statistic	Prob.
C	-0.552 028	3.042 804	-0.181 421	0.857 7
$\ln XZ_1$	0.038 191	0.090 106	0.423 845	0.675 8
$\ln XZ_2$	0.066 706	0.181 633	0.367 257	0.716 9
XZ_3/XZ_2	-0.095 580	0.236 175	-0.404 698	0.689 6
XZ_4/XZ_2	0.052 892	0.290 097	0.182 327	0.857 0
XZ_5/XZ_2	-0.100 555	0.101 414	-0.991 530	0.332 2
$\ln XZ_6$	-0.047 022	0.237 845	-0.197 699	0.845 1
D_1	-8.207 632	25.264 16	-0.324 873	0.748 3
D_1*$\ln XZ_1$	-0.523 230	1.1455 24	-0.456 760	0.652 3
D_1*(XZ_3/XZ_2)	0.104 351	0.248 242	0.420 358	0.678 3
D_1*$\ln XZ_6$	1.163 355	3.207 394	0.362 710	0.720 3
RESID(-1)	0.789 831	0.209 333	3.773 082	0.001 0
RESID(-2)	-0.332 664	0.235 877	-1.410 327	0.172 4

R-squared	0.394 828	Mean dependent var	-4.16E-15
Adjusted R-squared	0.064 734	S.D. dependent var	0.020 701
S.E. of regression	0.020 019	Akaike info criterion	-4.705 683
Sum squared resid	0.008 817	Schwarz criterion	-4.127 982
Log likelihood	95.349 45	Hannan-Quinn criter.	-4.506 260
F-statistic	1.196 107	Durbin-Watson stat	2.168 895
Prob(F-statistic)	0.344 391		

续　表

表3-53　粮食总产出模型模拟结果15

Dependent Variable: ln*YZ*

Method: Least Squares

Sample (adjusted): 1979 2012

Included observations: 34 after adjustments

Convergence achieved after 42 iterations

Variable	Coefficient	Std. Error	t-Statistic	Prob.
C	-9.987 153	5.310 338	-1.880 700	0.073 3
$\ln XZ_1$	0.249 396	0.170 261	1.464 784	0.157 1
$\ln XZ_2$	1.119 297	0.289 732	3.863 219	0.000 8
XZ_3/XZ_2	-0.108 997	0.388 440	-0.280 602	0.781 6
XZ_4/XZ_2	-0.318 086	0.277 022	-1.148 233	0.263 2
XZ_5/XZ_2	-0.426 390	0.086 475	-4.930 794	0.000 1
$\ln XZ_6$	0.559 001	0.403 340	1.385 930	0.179 7
D_1	3.511 492	21.676 96	0.161 992	0.872 8
$D_1*\ln XZ_1$	-0.890 035	0.939 674	-0.947 174	0.353 8
$D_1*(XZ_3/XZ_2)$	0.755 970	0.361 168	2.093 129	0.048 1
$D_1*\ln XZ_6$	0.326 952	2.706 758	0.120 791	0.905 0
AR(1)	0.632 770	0.213 942	2.957 667	0.007 3
R-squared	0.989 010	Mean dependent var		10.708 91
Adjusted R-squared	0.983 514	S.D. dependent var		0.161 057
S.E. of regression	0.020 679	Akaike info criterion		-4.648 820
Sum squared resid	0.009 408	Schwarz criterion		-4.110 104

Log likelihood	91.029 94	Hannan-Quinn criter.	-4.465 102
F-statistic	179.977 8	Durbin-Watson stat	1.552 009
Prob(F-statistic)	0.000 000		
Inverted AR Roots		.63	

表3-54　粮食总产出模型模拟结果15的LM检验结果表

Breusch-Godfrey Serial Correlation LM Test:			
F-statistic	2.218 066	Prob. F(2,20)	0.134 9
Obs*R-squared	6.172 356	Prob. Chi-Square(2)	0.045 7

Test Equation:

Dependent Variable: RESID

Method: Least Squares

Sample: 1979 2012

Included observations: 34

Presample missing value lagged residuals set to zero.

Variable	Coefficient	Std. Error	t-Statistic	Prob.
C	-6.005 127	6.161 714	-0.974 587	0.341 4
$\ln XZ_1$	-0.148 369	0.179 894	-0.824 757	0.419 2
$\ln XZ_2$	0.125 527	0.285 636	0.439 466	0.665 0
XZ_3/XZ_2	0.019 092	0.371 179	0.051 437	0.959 5
XZ_4/XZ_2	0.043 999	0.273 592	0.160 821	0.873 8
XZ_5/XZ_2	-0.031 385	0.085 315	-0.367 868	0.716 8
$\ln XZ_6$	0.535 284	0.489 309	1.093 958	0.287 0
D_1	-1.214 396	20.632 22	-0.058 859	0.953 6

续　表

D_1*lnXZ_1	−0.187 025	0.901 179	−0.207 533	0.837 7
D_1*(XZ_3/XZ_2)	−0.000 710	0.342 754	−0.002 070	0.998 4
D_1*lnXZ_6	0.257 187	2.580 244	0.099 675	0.921 6
AR(1)	−0.780 662	0.527 214	−1.480 731	0.154 3
RESID(−1)	0.9340 09	0.466 198	2.003 460	0.058 9
RESID(−2)	0.286 179	0.408 098	0.701 251	0.491 2
R−squared	0.181 540	Mean dependent var		8.34E−11
Adjusted R−squared	−0.350 459	S.D. dependent var		0.016 884
S.E. of regression	0.019 621	Akaike info criterion		−4.731 503
Sum squared resid	0.007 700	Schwarz criterion		−4.103 002
Log likelihood	94.435 56	Hannan−Quinn criter.		−4.517 166
F−statistic	0.341 241	Durbin−Watson stat		2.033 362
Prob(F−statistic)	0.974 408			

表3−55　粮食总产出模型模拟结果15的 Q 检验结果表

Sample: 1979 2012

Included observations: 34

Q−statistic probabilities adjusted for 1 ARMA term(s)

Autocorrelation	Partial Correlation		AC	PAC	Q−Stat	Prob
. |** |	. |** |	1	0.220	0.220	1.7873	
.*| . |	.*| . |	2	−0.082	−0.137	2.0447	0.153
***| . |	***| . |	3	−0.448	−0.425	9.9605	0.007
.*| . |	. |*. |	4	−0.067	0.143	10.145	0.017
.*| . |	**| . |	5	−0.113	−0.236	10.686	0.030

续 表

. | . |	.*| . |	6	−0.011	−0.177	10.692	0.058
**| . |	**| . |	7	−0.215	−0.228	12.789	0.047
. |*. |	. | . |	8	0.075	0.018	13.056	0.071
. | . |	.*| . |	9	0.052	−0.127	13.187	0.106
. |*. |	.*| . |	10	0.114	−0.169	13.846	0.128
.*| . |	.*| . |	11	−0.147	−0.204	14.991	0.132
. | . |	. | . |	12	0.070	0.038	15.264	0.171
. | . |	**| . |	13	−0.045	−0.246	15.384	0.221
. |** |	. |*. |	14	0.224	0.077	18.445	0.141
. | . |	.*| . |	15	−0.034	−0.100	18.521	0.184
. | . |	.*| . |	16	0.030	−0.091	18.583	0.233

表3-56 粮食总产出模型模拟结果16

Dependent Variable: ln*YZ*

Method: Least Squares

Sample (adjusted): 1980 2012

Included observations: 33 after adjustments

Convergence achieved after 34 iterations

Variable	Coefficient	Std. Error	t-Statistic	Prob.
C	−3.671 754	5.875 855	−0.624 888	0.539 1
$\ln XZ_1$	0.450 883	0.158 600	2.842 888	0.010 1
$\ln XZ_2$	0.855 621	0.300 289	2.849 327	0.009 9
XZ_3/XZ_2	−0.392 476	0.305 896	−1.283 040	0.214 1

续　表

XZ_4/XZ_2	−0.261 449	0.261 181	−1.001 028	0.328 8
XZ_5/XZ_2	−0.458 623	0.064 118	−7.152 816	0.000 0
$\ln XZ_6$	0.109 537	0.434 585	0.252 049	0.803 6
D_1	−14.688 19	18.553 18	−0.791 680	0.437 8
$D_1*\ln XZ_1$	−1.501 396	0.787 338	−1.906 925	0.071 0
$D_1*(XZ_3/XZ_2)$	0.926 825	0.297 153	3.119 020	0.005 4
$D_1*\ln XZ_6$	2.481 511	2.301 556	1.078 188	0.293 8
AR(1)	1.011 466	0.197 145	5.130 576	0.000 1
AR(2)	−0.563 016	0.200 016	−2.814 848	0.010 7
R−squared	0.990 365	Mean dependent var		10.717 94
Adjusted R−squared	0.984 584	S.D. dependent var		0.1545 51
S.E. of regression	0.019 189	Akaike info criterion		−4.781 861
Sum squared resid	0.007 364	Schwarz criterion		−4.192 328
Log likelihood	91.900 71	Hannan−Quinn criter.		−4.583 501
F−statistic	171.318 9	Durbin−Watson stat		2.298 085
Prob(F−statistic)	0.000 000			
Inverted AR Roots	.51+.55i		.51−.55i	

表3−57　粮食总产出模型模拟结果16的*LM*检验结果表

Breusch−Godfrey Serial Correlation LM Test:			
F−statistic	1.775 741	Prob. F(2,18)	0.197 8
Obs*R−squared	5.438 091	Prob. Chi−Square(2)	0.065 9
Test Equation:			

续 表

Dependent Variable: RESID

Method: Least Squares

Sample: 1980 2012

Included observations: 33

Presample missing value lagged residuals set to zero.

Variable	Coefficient	Std. Error	t-Statistic	Prob.
C	−3.955 611	6.150 488	−0.643 138	0.528 2
$\ln XZ_1$	−0.127 659	0.170 298	−0.749 619	0.463 2
$\ln XZ_2$	0.121 832	0.297 995	0.408 840	0.687 5
XZ_3/XZ_2	0.052 929	0.298 199	0.177 495	0.861 1
XZ_4/XZ_2	0.123 543	0.276 678	0.446 522	0.660 5
XZ_5/XZ_2	0.040 591	0.066 305	0.612 181	0.548 1
$\ln XZ_6$	0.326 157	0.463 625	0.703 494	0.490 7
D_1	8.079 012	18.659 46	0.432 971	0.670 2
$D_1*\ln XZ_1$	0.409 829	0.808 484	0.506 910	0.618 4
$D_1*(XZ_3/XZ_2)$	−0.103 739	0.291 793	−0.355 521	0.726 3
$D_1*\ln XZ_6$	−1.061 658	2.328 384	−0.455 963	0.653 9
AR(1)	0.501 796	0.515 323	0.973 750	0.343 1
AR(2)	−0.397 251	0.299 560	−1.326 115	0.201 4
RESID(−1)	−0.829 915	0.681 672	−1.217 470	0.239 1
RESID(−2)	0.084 903	0.465 546	0.182 372	0.857 3
R−squared	0.164 791	Mean dependent var		−6.51E−10
Adjusted R−squared	−0.484 817	S.D. dependent var		0.015 170
S.E. of regression	0.018 485	Akaike info criterion		−4.840 722

续　表

Sum squared resid	0.006 151	Schwarz criterion	−4.160 491
Log likelihood	94.871 91	Hannan−Quinn criter.	−4.611 845
F−statistic	0.253 677	Durbin−Watson stat	1.629 984
Prob(F−statistic)	0.993 807		

表3−58　粮食总产出模型模拟结果16的 Q 检验结果表

Sample: 1980 2012

Included observations: 33

Q−statistic probabilities adjusted for 2 ARMA term(s)

Autocorrelation	Partial Correlation		AC	PAC	Q−Stat	Prob
. *| . |	. *| . |	1	−0.178	−0.178	1.144 8	
. |*. |	. |*. |	2	0.200	0.174	2.635 0	
.**| . |	.**| . |	3	−0.265	−0.218	5.338 0	0.021
. |*. |	. | . |	4	0.162	0.074	6.381 4	0.041
. *| . |	. *| . |	5	−0.205	−0.112	8.108 6	0.044
. | . |	. *| . |	6	0.059	−0.069	8.256 3	0.083
***| . |	.**| . |	7	−0.386	−0.336	14.874	0.011
. | . |	. *| . |	8	0.035	−0.146	14.931	0.021
. *| . |	. | . |	9	−0.120	−0.055	15.618	0.029
. |*. |	. *| . |	10	0.114	−0.083	16.272	0.039
.**| . |	***| . |	11	−0.299	−0.357	20.953	0.013
. |** |	. |*. |	12	0.334	0.159	27.084	0.003
. *| . |	. *| . |	13	−0.190	−0.192	29.165	0.002
. |*** |	. | . |	14	0.360	0.022	37.042	0.000

续 表

. |. |	. |*. |	15	−0.055	0.087	37.239	0.000
. |*. |	. *|. |	16	0.133	−0.111	38.449	0.000

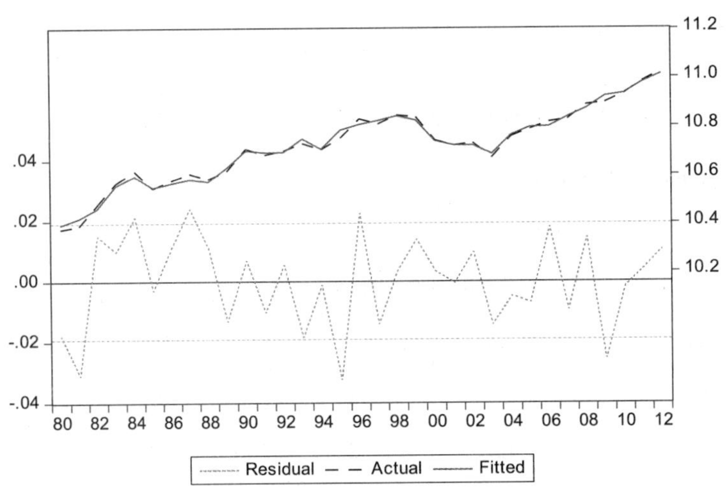

图3-4　粮食总产出模型模拟结果16的实际值、估计值与残差序列图

因此，我们选择将粮食总产出模型模拟结果 16（表 3-56）作为最后的模型结果。其方程形式表达为：

$$
\begin{aligned}
\ln YZ =& -3.6718 + 0.4509\ \ln XZ_1 + 0.8556\ \ln XZ_2 - 0.3925\ XZ_3/XZ_2 - 0.2614\ XZ_4/XZ_2 \\
& (-0.62)\quad (2.84) \qquad\qquad (2.85) \qquad\qquad (-1.28) \qquad\qquad (-1.00) \\
& -0.4586\ XZ_5/XZ_2 + 0.1095\ \ln XZ_6 - 14.6882\ D_1 - 1.5014\ D_1 \times \ln XZ_1 \\
& (-7.15) \qquad\qquad (0.25) \qquad\qquad (-0.79) \qquad\qquad (-1.91) \\
& +0.9268\ D_1 \times (XZ_3/XZ_2) + 2.4815\ D_1 \times \ln XZ_6 + \gamma + 1.0115\mathrm{AR}(1) - 0.5630\mathrm{AR}(2) \\
& (3.12) \qquad\qquad (1.08) \qquad\qquad (5.13) \qquad\qquad (-2.81)
\end{aligned}
$$

其中，
$$
\gamma_t = 1.0115\gamma_{t-1} + \varepsilon_t
$$
$$
\gamma_{t-1} = -0.5630\gamma_{t-2} + \upsilon_{t-1}
$$

$Adjusted \quad R^2 = 0.9846$ ， $SSR = 0.0074$ ， $F = 171.32$ ， $D.W. = 2.30$ ， $AIC = -4.78$ ， $SC = -4.19$

从模拟结果可以看出，化肥施用量、播种面积、成灾率、机械动力强度的变化等均对粮食总产出有着显著影响。鉴于机械动力投入与劳动力投入之间可能存在的替代关系和我国农业劳动力相对剩余的经济实际，探究劳动力投入对粮食总产出的影响不显著的原因也是我们日后努力的方向。

第一组模型与第二组模型的比较分析：

粮食总产出模型与单位面积粮食产出模型相比，表现出一定的共性。由于机械动力投入与劳动力投入之间的密切关联和可能存在的替代关系，二者对于粮食产出的作用难以有效剥离，这是未来研究中的改进方向。同时，化肥施用量、成灾率等对于粮食产出均表现出显著影响，2000 年前后，模型均表现出显著的结构变化，且这种结构变化不仅表现在截距项，而且表现在斜率项上。但是，也存在一定的差异，如 2000 年前后粮食总产出模型中的结构变化更多地表现在化肥施用和机械动力的使用方面，而单位面积粮食产出模型的结构变化更多地表现在灌溉率和劳动力投入方面，两者之间存在较大差异。这种差异会提供不同的农业发展思路，而不同的农业发展思路的政策推行会影响未来的农业发展脉络，因此对于两组模型究竟哪组模型能够更好地反映粮食产出问题，还需要结合农业生产实际进行细致的分析和推敲。

除此之外，就技术层面而言，对于两组模型，还需要进一步分析探讨，如是否存在虚假回归，是否需要先就变量的平稳性进行检验？虽然是时间序列模型，但是否存在异方差问题，怎样修正可能的异方差？农业劳动力和粮食生产投入的劳动力两者间存在差异，在这种差异下，是否可以用农业劳动力作为粮食生产中劳动力投入的表达指标？机械动力投入与劳动力投入之间有着怎样的关系？替代还是互补？现阶段的表现是怎样的？如果劳动力投入在整个分析期间对于粮食产出的影响不显著，我们是否可以舍弃劳动力投入变量？等等。[1]

[1] 2013 年后，统计制度发生变化，统计数据可查的是乡村从业人员、第一产业从业人数，不同于农业劳动力指标。

案例 3-2：消费与消费乘数问题

表3-59　消费与消费乘数模型数据表

年份	居民消费水平（当年价）（元）	居民人均可支配收入（当年价）（元）	人均国内生产总值（当年价）（元）	居民消费价格指数（1978=100）	居民可支配收入价格指数（1978=100）	人均国内生产总值价格指数（1978=100）	居民消费价格指数（1978=1）	居民可支配收入价格指数（1978=1）	人均国内生产总值价格指数（1978=1）	居民消费水平实际值 CS（1978 年价）（元）	居民人均可支配收入实际值 INC（1978 年价）（元）	人均国内生产总值 GDPP（1978 年价）（元 / 人）	城镇人口数（万人）	乡村人口数（万人）	城镇化率 = 城镇人口数 / 乡村人口数 UR
1980	238	246.8	468	116.8	131.6	113.1	1.168	1.316	1.131	214.912	225.299	414	19 400	79 565	0.244
1981	278.4	293.2	497	129.7	147.92	117.3	1.297	1.479 2	1.173	238.648	253.239	424	20 171	79 901	0.252
1982	318.8	339.5	533	142.6	164.24	126	1.426	1.642 4	1.26	262.384	281.179	423	21 480	80 174	0.268
1983	359.2	385.9	588	155.5	180.56	137.6	1.555	1.805 6	1.376	286.12	309.119	427	22 274	80 734	0.276
1984	399.6	432.2	702	168.4	196.88	156.4	1.684	1.968 8	1.564	309.856	337.059	449	24 017	80 340	0.299
1985	440	478.6	866	181.3	213.2	175.1	1.813	2.132	1.751	333.592	364.998	495	25 094	80 757	0.311
1986	518.2	563.7	973	190.54	219.32	187.9	1.905 4	2.193 2	1.879	350.594	375.476	518	26 366	81 141	0.325
1987	596.4	648.7	1 123	199.78	225.44	206.5	1.997 8	2.254 4	2.065	367.595	385.953	544	27 674	81 626	0.339
1988	674.6	733.8	1 378	209.02	231.56	226	2.090 2	2.315 6	2.26	384.597	396.431	610	28 611	82 365	0.347

续 表

年份	居民消费水平（当年价）（元）	居民人均可支配收入（当年价）（元）	人均国内生产总值（当年价）（元）	居民消费价格指数（1978=100）	居民可支配收入价格指数（1978=100）	人均国内生产总值价格指数（1978=100）	居民消费价格指数（1978=1）	居民可支配收入价格指数（1978=1）	人均国内生产总值价格指数（1978=1）	居民消费水平实际值 CS（1978年价）（元）	居民人均可支配收入实际值 INC（1978年价）（元）	人均国内生产总值 GDPP（1978年价）（元/人）	城镇人口数(万人)	乡村人口数(万人)	城镇化率=城镇人口数/乡村人口数 UR
1989	752.8	818.8	1 536	218.26	237.68	231.9	2.182 6	2.376 8	2.319	401.598	406.908	662	29 504	83 164	0.355
1990	831	903.9	1 663	227.5	243.8	237.5	2.275	2.438	2.375	418.6	417.386	700	30 195	84 138	0.359
1991	1 130	1 195.8	1 912	249.96	264.56	256	2.499 6	2.645 6	2.56	459.926	452.927	747	31 203	84 620	0.369
1992	1 429	1 487.7	2 334	272.42	285.32	288.8	2.724 2	2.853 2	2.888	501.253	488.468	808	32 175	84 996	0.379
1993	1 728	1 779.5	3 027	294.88	306.08	325.1	2.948 8	3.060 8	3.251	542.579	524.009	931	33 173	85 344	0.389
1994	2 027	2 071.4	4 081	317.34	326.84	364.3	3.173 4	3.268 4	3.643	583.906	559.55	1 120	34 169	85 618	0.399
1995	2 330	2 363.3	5 091	339.8	347.6	398.9	3.398	3.476	3.989	625.232	595.091	1 276	35 174	85 947	0.409
1996	2 608.2	2 634.9	5 898	370.46	378.22	433.9	3.704 6	3.782 2	4.339	681.646	647.513	1 359	37 304	85 085	0.438
1997	2 886.4	2 906.5	6 481	401.12	408.84	469.1	4.011 2	4.088 4	4.691	738.061	699.934	1 382	39 499	84 177	0.469
1998	3 164.6	3 178.1	6 860	431.78	439.46	501.1	4.317 8	4.394 6	5.011	794.475	752.356	1 369	41 608	83 153	0.5
1999	3 442.8	3 449.7	7 229	462.44	470.08	534.8	4.624 4	4.700 8	5.348	850.89	804.777	1 352	43 748	82 038	0.533
2000	3 721	3 721.3	7 942	493.1	500.7	575.7	4.931	5.007	5.757	907.304	857.198	1 380	45 906	80 837	0.568

续 表

年份	居民消费水平（当年价）（元）	居民人均可支配收入（当年价）（元）	人均国内生产总值（当年价）（元）	居民消费价格指数（1978=100）	居民可支配收入价格指数（1978=100）	人均国内生产总值价格指数（1978=100）	居民消费价格指数（1978=1）	居民可支配收入价格指数（1978=1）	人均国内生产总值价格指数（1978=1）	居民消费水平实际值 CS（1978年价）（元）	居民人均可支配收入实际值 INC（1978年价）（元）	人均国内生产总值 GDPP（1978年价）（元/人）	城镇人口数（万人）	乡村人口数（万人）	城镇化率=城镇人口数/乡村人口数 UR
2001	3 987	4 070.4	8 717	523.2	543.8	619.1	5.232	5.438	6.191	962.688	930.986	1 408	48 064	79 563	0.604
2002	4 301	4 531.6	9 506	567.3	610.4	671.2	5.673	6.104	6.712	1 043.832	1 045.005	1 416	50 212	78 241	0.642
2003	4 606	5 006.7	10 666	600	666.3	734	6	6.663	7.34	1 104	1 140.706	1 453	52 376	76 851	0.682
2004	5 138	5 660.9	12 487	643	725.1	803.4	6.43	7.251	8.034	1 183.12	1 241.371	1 554	54 283	75 705	0.717
2005	5 771	6 384.7	14 368	705.4	803.4	889.7	7.054	8.034	8.897	1 297.936	1 375.421	1 615	56 212	73 544	0.764
2006	6 416	7 228.8	16 738	765	896.2	997.3	7.65	8.962	9.973	1 407.6	1 534.294	1 678	58 288	73 160	0.797
2007	7 572	8 583.5	20 505	862.6	1 015.4	1 133.3	8.626	10.154	11.333	1 587.184	1 738.365	1 809	60 633	71 496	0.848
2008	8 707	9 956.5	24 121	934.3	1 112.2	1 236.3	9.343	11.122	12.363	1 719.112	1 904.086	1 951	62 403	70 399	0.886
2009	9 514	10 977.5	26 222	1 026.1	1 234.8	1 345.8	10.261	12.348	13.458	1 888.024	2 113.978	1 948	64 512	68 938	0.936
2010	10 919	12 519.5	30 876	1 124.5	1 363.3	1 481.8	11.245	13.633	14.818	2 069.08	2 333.97	2 084	66 978	67 113	0.998
2011	13 134	14 550.7	36 403	1 248.6	1 503.3	1 615.4	12.486	15.033	16.154	2 297.424	2 573.65	2 253	69 079	65 656	1.052
2012	14 699	16 509.5	40 007	1 362	1 662.5	1 733.8	13.62	16.625	17.338	2 506.08	2 846.2	2 307	71 182	64 222	1.108

续 表

年份	居民消费水平（当年价）（元）	居民人均可支配收入（当年价）（元）	人均国内生产总值（当年价）（元）	居民消费价格指数（1978=100）	居民可支配收入价格指数（1978=100）	人均国内生产总值价格指数（1978=100）	居民消费价格指数（1978=1）	居民可支配收入价格指数（1978=1）	人均国内生产总值价格指数（1978=1）	居民消费水平实际值 CS（1978 年价）（元）	居民人均可支配收入实际值 INC（1978 年价）（元）	人均国内生产总值 GDPP（1978 年价）（元/人）	城镇人口数(万人)	乡村人口数(万人)	城镇化率=城镇人口数/乡村人口数 UR
2013	16 190	18 310.8	43 852	1 462	1 797.1	1 859.1	14.62	17.971	18.591	2 690.08	3 076.635	2 359	73 111	62 961	1.161
2014	17 778	10 167.1	47 203	1 574.6	1 940.5	1 984.7	15.746	19.405	19.847	2 897.264	3 322.136	2 378	74 916	61 866	1.211
2015	19 397	21 966.2	50 251	1 692.6	2 084.4	2 110.9	16.926	20.844	21.109	3 114.384	3 568.493	2 381	77 116	60 346	1.278
2016	21 285	23 821	53 935	1 820.5	2 216.1	2 240.6	18.205	22.161	22.406	3 349.72	3 793.963	2 407	79 298	58 973	1.345
2017	22 902	25 973.8	59 660	1 928.6	2 378.4	2 380.8	19.286	23.784	23.808	3 548.624	4 071.821	2 506	81 347	57 661	1.411

注：数据来自于中国国家统计局数据库，根据数据库统计数据进行逐年整理而得

第一组模型：

模型 1：居民消费关于人均可支配收入的模拟——绝对收入消费假说。

凯恩斯的绝对收入消费假说认为：当前消费受制于当前收入，并以当前收入为限，收入增加时，消费也随之增加；存在固定消费，以满足消费者的基本生活需要。其经济模型用函数关系式表达为 $CS=\beta_0+\beta_1\times INC$，其中，$\beta_0$ 为常消费，或者叫固定消费，$\beta_0\geqslant 0$，是消费者为满足基本生活的消费需求；β_1 为边际消费倾向，$0\leqslant\beta_1\leqslant 1$ 表示收入增加 1 单位时，消费的增加量。因其函数关系式为线性关系，故边际消费倾向为常数，不会随着收入的增加而发生变化。

根据凯恩斯的绝对收入消费假说可以设定居民消费关于人均可支配收入的模型为 $CS=\beta_0+\beta_1\times INC+u$。在 Eviews 中新建一个工作文件，键入命令 *data CS INC*，依次输入居民消费水平实际值（1978 年价）（单位：元）、居民人均可支配收入实际值（1978 年价）（单位：元），然后键入命令 *ls CS c INC*，得到居民消费关于人均可支配收入回归结果 1（表 3-60）。从表 3-60 可以看出，常消费估计区间的中心值为 81.467，边际消费倾向估计区间的中心值为 0.858，符合凯恩斯绝对收入消费假说。

表3-60 居民消费关于人均可支配收入的模拟1

Dependent Variable: CS

Method: Least Squares

Sample: 1980 2017

续 表

Included observations: 38				
Variable	Coefficient	Std. Error	t-Statistic	Prob.
C	81.467 48	11.327 55	7.191 977	0.000 0
INC	0.858 003	0.006 654	128.937 1	0.000 0
R-squared	0.997 839	Mean dependent var		1 182.103
Adjusted R-squared	0.997 779	S.D. dependent var		974.035 9
S.E. of regression	45.901 63	Akaike info criterion		10.542 07
Sum squared resid	75 850.56	Schwarz criterion		10.628 26
Log likelihood	−198.299 4	Hannan-Quinn criter.		10.572 74
F-statistic	16 624.78	Durbin-Watson stat		0.107 503
Prob(F-statistic)	0.000 000			

模型 2：居民消费关于人均可支配收入的模拟——相对收入消费假说。

杜森贝利的相对收入消费假说认为：当前消费不仅受到当前收入的影响，还受到消费者消费习惯的影响。"由俭入奢易，由奢入俭难。"由此，其经济模型用函数关系式表达为 $CS=\beta_0+\beta_1\times INC+\beta_3\times CS(-1)$，其中，$CS(-1)$ 是前期消费，表达消费倾向。根据相对收入消费假说，可以设定居民消费关于人均可支配收入的模型为 $CS=\beta_0+\beta_1\times INC+\beta_2\times CS(-1)+u$。在 Eviews 的工作文件中键入命令 *ls CS c INC CS*(−1)，即可得到居民消费关于人均可支配收入回归结果 2（表 3-61）。从表 3-61 可以看出，常消费估计区间的中心值为 18.655，边际消费倾向估计区间的中心值为 0.172，消费习惯对当前消费存在显著正影响，前期消费每增加 1 元，平均来看，当前消费增加 0.862 元，符合相对收入消费假说。

表3-61　居民消费关于人均可支配收入的模拟2

Dependent Variable: CS

Method: Least Squares

Sample (adjusted): 1981 2017

Included observations: 37 after adjustments

Variable	Coefficient	Std. Error	t-Statistic	Prob.
C	18.655 35	8.004 638	2.330 567	0.025 8
INC	0.172 077	0.061 254	2.809 232	0.008 2
CS(−1)	0.862 082	0.077 042	11.189 72	0.000 0
R-squared	0.999 549	Mean dependent var		1 208.243
Adjusted R-squared	0.999 523	S.D. dependent var		973.864 8
S.E. of regression	21.277 47	Akaike info criterion		9.030 779
Sum squared resid	15 392.84	Schwarz criterion		9.161 394
Log likelihood	−164.069 4	Hannan-Quinn criter.		9.076 827
F-statistic	37 690.69	Durbin-Watson stat		0.924 833
Prob(F-statistic)	0.000 000			

模型 3：居民消费关于人均可支配收入的模拟——永久收入消费假说。

米尔顿·弗里德曼的永久收入消费假说认为：消费者的消费支出主要不是由当期收入决定的，而是由永久收入决定的。永久收入是消费者可以预期到的长期收入。一般来说，永久收入可以根据观察到的若干时期的收入数据加权平均得到，距离当期越近的时期，权数越大；而距离当期越远的时期，权数越小。由此，我们可以设定居民消费关于人均可支配收入的模型为 $CS=\beta_0+\beta_1\times INC+\beta_2\times INC(-1)+u$。在 Eviews 的工作文件中键入命令 *ls CS c INC INC*(−1)，即可得到居民消费关于人均可支配收入回归结果 3（表 3–62）。从表 3–62 可以看出，相对前期收入，当期收入对当期消费的影响很显著，平均来看，当期收入每增加 1 元钱，当期消费增加 1.018 元；常消费估计区间的中心值为 84.376 ≥ 0；可能是由于收入的连贯性，当期收入与前期收入存在密切关联，前期收入对于当期消费的影响不显著。为进行验证，我们估计了当期收入 *INC* 与前期收入 *INC*(−1) 之间的相关系数，结果发现，两者间相关系数达到 0.999 667（表 3–63）。由此，我们重新引入构建了差分模型，反映当期收入的变化和前期收入的变化（为避免多重共线性问题，采用了变化率数据）对当期消费变化的影响，结果（表 3–64）显示，当期收入和前期收入的变化均显著影响了当期消费的变化。但当期收入相对前期收入的变化表达的前期收入变量对当期消费的影响为负，值得推敲。

表3–62　居民消费关于人均可支配收入的模拟3

Dependent Variable: CS
Method: Least Squares
Sample (adjusted): 1981 2017
Included observations: 37 after adjustments

续 表

Variable	Coefficient	Std. Error	t-Statistic	Prob.
C	84.375 89	11.621 47	7.260 347	0.000 0
INC	1.018 307	0.260 318	3.911 778	0.000 4
INC(−1)	−0.175 175	0.281 910	−0.621 386	0.538 5
R−squared	0.997 913	Mean dependent var		1 208.243
Adjusted R−squared	0.997 790	S.D. dependent var		973.864 8
S.E. of regression	45.783 94	Akaike info criterion		10.563 35
Sum squared resid	71 269.76	Schwarz criterion		10.693 96
Log likelihood	−192.422 0	Hannan−Quinn criter.		10.609 40
F−statistic	8 127.107	Durbin−Watson stat		0.132 256
Prob(F−statistic)	0.000 000			

表3−63 当期收入*INC*与前期收入*INC*(−1)相关系数表

	INC	INC(−1)
INC	1.000 000	0.999 667
INC(−1)	0.999 667	1.000 000

表3−64 居民消费关于人均可支配收入的模拟4

Dependent Variable: D(CS)

Method: Least Squares

Sample (adjusted): 1981 2017

Included observations: 37 after adjustments

续 表

Variable	Coefficient	Std. Error	t-Statistic	Prob.
C	17.585 76	7.091 219	2.479 935	0.018 3
D(*INC*)	0.817 311	0.027 716	29.489 05	0.000 0
D(*INC*)/*INC*(−1)	−152.377 7	90.408 03	−1.685 445	0.101 1
R−squared	0.967 314	Mean dependent var		90.100 32
Adjusted R−squared	0.965 391	S.D. dependent var		74.274 49
S.E. of regression	13.817 62	Akaike info criterion		8.167 370
Sum squared resid	6 491.501	Schwarz criterion		8.297 985
Log likelihood	−148.096 4	Hannan−Quinn criter.		8.213 418
F−statistic	503.098 6	Durbin−Watson stat		2.115 850
Prob(F−statistic)	0.000 000			

模型 4：居民消费关于人均可支配收入的回归。结合持久收入消费假说与相对收入消费假说，我们可以设定居民消费关于人均可支配收入的模型为 $CS=\beta_0+\beta_1\times INC+\beta_2\times CS(-1)+\beta_3\times INC(-1)+u$。在 Eviews 的工作文件中键入命令 *ls CS c INC CS*(−1) *INC*(−1)，即可得到居民消费关于人均可支配收入回归结果 3（表 3–65）。从表 3–65 可以看出，除前期收入 $INC(-1)$ 参数估计值为负数，与理论不相符外，其他解释变量的参数估计值均为正数，符合经济理论与经济预期。当然，由于收入的连贯性，前期收入与当期收入间的强相关性，我们有理由质疑，前期收入 $INC(-1)$ 参数估计值的异常可能是由于前期收入和当期收入两个解释变量共存于同一个

经济模型中导致的多重共线性造成的。为验证此种猜想，这里调整模型为 $CS=\beta_0+\beta_1\times INC+\beta_2\times CS(-1)+\beta_3\times d(INC)/INC(-1)+u$，估计结果见表 3-66。从表 3-66 可以看出，当期收入 INC、前期消费 $CS(-1)$、前期收入变量 $dINC/INC(-1)$ 对当前消费的影响都显著为正，且参数的大小、方向、符号均符合经济理论与经济预期。

表3-65　居民消费关于人均可支配收入的模拟5

Dependent Variable: CS

Method: Least Squares

Sample (adjusted): 1981 2017

Included observations: 37 after adjustments

Variable	Coefficient	Std. Error	t-Statistic	Prob.
C	9.243 857	5.301 810	1.743 528	0.090 6
INC	0.662 445	0.079 848	8.296 305	0.000 0
CS(−1)	0.959 594	0.051 284	18.711 19	0.000 0
INC(−1)	−0.615 097	0.087 212	−7.052 928	0.000 0
R-squared	0.999 820	Mean dependent var		1 208.243
Adjusted R-squared	0.999 804	S.D. dependent var		973.864 8
S.E. of regression	13.639 29	Akaike info criterion		8.165 592
Sum squared resid	6 138.995	Schwarz criterion		8.339 745
Log likelihood	−147.063 4	Hannan-Quinn criter.		8.226 989
F-statistic	61 167.00	Durbin-Watson stat		2.022 134
Prob(F-statistic)	0.000 000			

表3-66 居民消费关于人均可支配收入的模拟6

Dependent Variable: CS				
Method: Least Squares				
Sample (adjusted): 1981 2017				
Included observations: 37 after adjustments				
Variable	Coefficient	Std. Error	t-Statistic	Prob.
C	-17.104 03	11.082 51	-1.543 335	0.132 3
INC	0.140 028	0.051 502	2.718 893	0.010 4
CS(-1)	0.899 667	0.064 676	13.910 41	0.000 0
D(*INC*)/*INC*(-1)	437.593 0	108.493 4	4.033 360	0.000 3
R-squared	0.999 698	Mean dependent var		1 208.243
Adjusted R-squared	0.999 671	S.D. dependent var		973.864 8
S.E. of regression	17.675 72	Akaike info criterion		8.684 066
Sum squared resid	10 310.22	Schwarz criterion		8.858 220
Log likelihood	-156.655 2	Hannan-Quinn criter.		8.745 463
F-statistic	36 416.10	Durbin-Watson stat		1.113 875
Prob(F-statistic)	0.000 000			

模型 5：居民消费关于人均可支配收入的回归。结合持久收入消费假说与相对收入消费假说，考虑到消费习惯、收入预期、城镇化率的模拟，这里进一步结合当前经济发展实际，加入城镇化率 *UR* 变量，设定居民消费关于人均可支配收入的回归模型为 $CS = \beta_0 + \beta_1 \times INC + \beta_2 \times CS(-1) + \beta_3 \times INC(-1) + u$，在 Eviews 中的工作文件中输入命令 *ls CS c INC CS*(−1) *d*(*INC*)*INC*(−1) *UR* 进行模型估计，估

计结果如表 3-67 所示。从表 3-67 可以看出，当期收入 *INC* 、前期消费 *CS*(−1) 、前期收入变量 *d*(*INC*)/*INC*(−1) 、城镇化率 *UR* 对当前消费的影响都显著为正，且参数的大小、方向、符号均符合经济理论与经济预期。

表3-67 居民消费关于人均可支配收入的模拟7

Dependent Variable: *CS*

Method: Least Squares

Sample (adjusted): 1981 2017

Included observations: 37 after adjustments

Variable	Coefficient	Std. Error	t-Statistic	Prob.
C	−50.925 15	12.705 41	−4.008 146	0.000 3
INC	0.188 852	0.044 872	4.208 668	0.000 2
CS(−1)	0.747 860	0.066 692	11.213 59	0.000 0
D(*INC*)/*INC*(−1)	235.926 4	104.502 8	2.257 609	0.030 9
UR	240.288 4	61.722 98	3.893 013	0.000 5

R-squared	0.999 795	Mean dependent var	1 208.243
Adjusted R-squared	0.999 769	S.D. dependent var	973.864 8
S.E. of regression	14.786 57	Akaike info criterion	8.350 404
Sum squared resid	6 996.568	Schwarz criterion	8.568 096
Log likelihood	−149.482 5	Hannan-Quinn criter.	8.427 151
F-statistic	39 031.55	Durbin-Watson stat	1.386 625
Prob(F-statistic)	0.000 000		

第二组模型：同第一组模型模拟思路相同，但是用人均国内生产总

值（人均 GDP）来表达收入，重新进行居民消费关于收入的回归，得到本组模型。由于模型构建的理论依据与上组模型完全相同，所以这里不再赘述模型建构的理论依据。

模型 1：居民消费关于人均 GDP 的回归——绝对收入消费假说。

从表 3-68 可以看出，常消费估计值显著为负，而边际消费倾向大于 1，与凯恩斯绝对收入消费假说不相符。但考虑到经济现实中的借贷行为，边际消费倾向大于 1 可以接受，只是凯恩斯的绝对收入消费假说不适用。

表3-68　居民消费关于人均GDP的模拟8

Dependent Variable: *CS*

Method: Least Squares

Sample: 1980 2017

Included observations: 38

Variable	Coefficient	Std. Error	t-Statistic	Prob.
C	–588.963 8	121.657 9	–4.841 147	0.000 0
GDPP	1.322 289	0.080 934	16.337 86	0.000 0
R–squared	0.881 159	Mean dependent var		1 182.103
Adjusted R–squared	0.877 858	S.D. dependent var		974.035 9
S.E. of regression	340.414 2	Akaike info criterion		14.549 40
Sum squared resid	4 171 746.	Schwarz criterion		14.635 59
Log likelihood	–274.438 6	Hannan–Quinn criter.		14.580 06
F–statistic	266.925 8	Durbin–Watson stat		0.075 193
Prob(F–statistic)	0.000 000			

模型 2：居民消费关于 GDPP 的模拟——相对收入消费假说。

从表 3-69 可以看出，除常消费估计值显著为负外，边际消费倾向偏小，但符合其数值位于（0,1）假定，消费习惯对当前消费存在显著正影响，比较符合相对收入消费假说。当然，常消费为负的原因需要仔细推敲和验证。

表3-69　居民消费关于人均GDP的模拟9

Dependent Variable: *CS*

Method: Least Squares

Sample (adjusted): 1981 2017

Included observations: 37 after adjustments

Variable	Coefficient	Std. Error	t-Statistic	Prob.
C	-20.281 04	10.142 96	-1.999 519	0.053 6
GDPP	0.039 951	0.014 693	2.719 059	0.010 2
CS(-1)	1.049 969	0.011 120	94.423 79	0.000 0
R-squared	0.999 544	Mean dependent var		1 208.243
Adjusted R-squared	0.999 517	S.D. dependent var		973.864 8
S.E. of regression	21.405 21	Akaike info criterion		9.042 750
Sum squared resid	15 578.22	Schwarz criterion		9.173 365
Log likelihood	-164.290 9	Hannan-Quinn criter.		9.088 798
F-statistic	37 241.98	Durbin-Watson stat		1.162 562
Prob(F-statistic)	0.000 000			

模型 3：居民消费关于 GDPP 的模拟——持久收入消费假说。

从表 3-70 可以看出，当期收入对当期消费的影响不显著，而前期收入对当期消费存在显著正影响，与理论不一致。当然，可能是由于收入的连贯性导致当期收入与前期收入存在密切关联，从而使当期收入对当期消费的影响不显著。为进行验证，我们引入了 *D*(*GDPP*) / *GDPP*(−1) 变量，反映当期收入的变化和前期收入的变化（为避免多重共线性问题，采用了变化率数据）对当期消费变化的影响。结果（表 3-71）显示，当期收入对当期消费发生了显著正影响，与理论预期一致，但前期收入的变化反映的前期收入变量对当前消费的影响不显著，原因仍需探究。

表3-70　居民消费关于人均GDP的模拟10

Dependent Variable: *CS*

Method: Least Squares

Sample (adjusted): 1981 2017

Included observations: 37 after adjustments

Variable	Coefficient	Std. Error	t-Statistic	Prob.
C	−558.790 9	127.977 5	−4.366 321	0.000 1
GDPP	−0.449 561	1.041 613	−0.431 601	0.668 8
GDPP(−1)	1.820 079	1.058 049	1.720 223	0.094 5
R-squared	0.889 513	Mean dependent var		1 208.243
Adjusted R-squared	0.883 014	S.D. dependent var		973.864 8
S.E. of regression	333.093 6	Akaike info criterion		14.532 33
Sum squared resid	3 772 346.	Schwarz criterion		14.662 94

续 表

Log likelihood	−265.848 1	Hannan−Quinn criter.	14.578 38
F−statistic	136.864 1	Durbin−Watson stat	0.106 392
Prob(F−statistic)	0.000 000		

表3−71 居民消费关于人均GDP的模拟11

Dependent Variable: *CS*				
Method: Least Squares				
Sample (adjusted): 1981 2017				
Included observations: 37 after adjustments				
Variable	Coefficient	Std. Error	t−Statistic	Prob.
C	−515.479 6	156.157 7	−3.301 019	0.002 3
GDPP	1.313 224	0.085 964	15.276 36	0.000 0
D(*GDPP*)/*GDPP*(−1)	−1 336.587	1 218.116	−1.097 258	0.280 2
R−squared	0.884 004	Mean dependent var		1 208.243
Adjusted R−squared	0.877 181	S.D. dependent var		973.864 8
S.E. of regression	341.296 3	Akaike info criterion		14.580 98
Sum squared resid	3 960 427.	Schwarz criterion		14.711 60
Log likelihood	−266.748 2	Hannan−Quinn criter.		14.627 03
F−statistic	129.557 1	Durbin−Watson stat		0.079 512
Prob(F−statistic)	0.000 000			

模型 4：居民消费关于 GDPP 的模拟。结合相对收入消费假说与持久收入消费假说，我们还可以设定居民消费关于人均可支配收入的模型为

$CS=\beta_0+\beta_1\times GDPP+\beta_2\times CS(-1)+\beta_3\times GDPP(-1)+u$。在 Eviews 工作文件中输入命令 $ls\ CS\ c\ \ GDPP\ \ CS(-1)\ D(GDPP)/GDPP(-1)$，即得到结果，如表 3-72 所示。从表 3-72 结果可以看出，除前期收入 $D(GDPP)/GDPP(-1)$ 参数估计值在 10% 显著性水平下不能拒绝为零的假定外，当期收入 $GDPP$、前期消费 *CS*（-1）所表达的消费习惯变量对被解释变量当前消费均为显著正影响，符合经济理论与经济预期。当然，由于收入的连贯性，前期收入与当期收入间显示强相关性，我们仍然有理由质疑，前期收入 $D(GDPP)/GDPP(-1)$ 参数估计值不显著可能是由前期收入和当期收入两个解释变量共存于同一个经济模型导致的多重共线性造成的。

表3-72　居民消费关于人均可支配收入的模拟12

Dependent Variable: *CS*

Method: Least Squares

Sample (adjusted): 1981 2017

Included observations: 37 after adjustments

Variable	Coefficient	Std. Error	t-Statistic	Prob.
C	-21.626 96	11.300 06	-1.913 880	0.064 3
GDPP	0.039 583	0.014 950	2.647 697	0.012 3
CS(-1)	1.050 589	0.011 478	91.528 75	0.000 0
D(*GDPP*)/*GDPP*(-1)	22.650 38	78.860 09	0.287 222	0.775 7
R-squared	0.999 545	Mean dependent var		1 208.243
Adjusted R-squared	0.999 503	S.D. dependent var		973.864 8
S.E. of regression	21.700 00	Akaike info criterion		9.094 308

续　表

Sum squared resid	15 539.37	Schwarz criterion	9.268 461
Log likelihood	−164.244 7	Hannan−Quinn criter.	9.155 705
F−statistic	24 158.02	Durbin−Watson stat	1.173 459
Prob(F−statistic)	0.000 000		

模型5：居民消费关于人均国内生产总值的回归。结合持久收入假说与相对收入消费假说，考虑到消费习惯、收入预期、城镇化率的模拟，结合当前经济发展实际，加入城镇化率 UR 变量，设定居民消费关于人均可支配收入的回归模型为 $CS=\beta_0+\beta_1\times GDPP+\beta_2\times CS(-1)+\beta_3\times D(GDPP)/GDPP(-1)+\beta_4 UR+u$。在 Eviews 工作文件中输入命令 *ls CS c　GDPP　CS*(−1) $D(GDPP)/GDPP(-1)$ *UR* 进行模型估计，估计结果如表 3−73 所示。从表 3−73 可以看出，当期收入 INC、前期消费所表达的消费习惯 $CS(-1)$、城镇化率 UR 对当前消费的影响都显著为正，且参数的大小、方向、符号均符合经济理论与经济预期，唯有前期收入变量 $dINC/INC(-1)$ 对当前消费的影响不显著，这可能是由于多重共线性，也可能是由于数据的分散性不足等，具体还有待验证。

表3−73　居民消费关于人均可支配收入的模拟13

Dependent Variable: *CS*

Method: Least Squares

Sample (adjusted): 1981 2017

Included observations: 37 after adjustments

续 表

Variable	Coefficient	Std. Error	t-Statistic	Prob.
C	-57.838 84	18.803 51	-3.075 960	0.004 3
GDPP	0.007 771	0.019 571	0.397 050	0.694 0
CS(-1)	0.983 149	0.030 857	31.861 94	0.000 0
D(*GDPP*)/*GDPP*(-1)	48.406 61	74.855 01	0.646 672	0.522 5
UR	236.740 2	101.496 7	2.332 491	0.026 1
R-squared	0.999 611	Mean dependent var		1 208.243
Adjusted R-squared	0.999 562	S.D. dependent var		973.864 8
S.E. of regression	20.372 57	Akaike info criterion		8.991 344
Sum squared resid	13 281.33	Schwarz criterion		9.209 036
Log likelihood	-161.339 9	Hannan-Quinn criter.		9.068 091
F-statistic	20 557.92	Durbin-Watson stat		1.238 697
Prob(F-statistic)	0.000 000			

第三组模型：居民消费关于人均国内生产总值、人均可支配收入的回归。结合持久收入假说与相对收入消费假说，考虑到消费习惯、收入预期、城镇化率、税负负担等的模拟，考虑到居民消费可能受到税负负担的影响，因此构建模型 $CS=\beta_0+\beta_1\times INC+\beta_2\times CS(-1)+\beta_3\times INC(-1)+\beta_4 UR+\beta_5 INC/GDPP+u$。其中，$INC$、$CS(-1)$、$INC(-1)$、$UR$、$INC/GDPP$分别表达当期收入、消费习惯、前期收入、城镇化率、税负负担对当期消费的影响。在 Eviews 工作文件中输入命令 *ls CS c INC INC*(-1) *CS*(-1) *UR INC* / *GDPP* 进行模型估计，估计结果如表 3-74 所示。从表 3-74 可以看出，除前期收入对当期消费的影响不显

著外，所有解释变量对被解释变量当期消费的影响都是显著的。但是，表达税负负担水平的 $INC/GDPP$ 变量的参数为负数，与经济实际不符，鉴于时间序列数据多存在共线性问题，模型还需要检验和修正。这里用 $D(INC)/INC(-1)$ 表达前期收入，用 $D(INC/GDPP)$ 表达税负的影响，修正模型为 $CS=\beta_0+\beta_1\times INC+\beta_2\times CS(-1)+\beta_3\times D(INC)/INC(-1)+\beta_4 UR+\beta_5 INC/GDPP\ +u$，进行模型的二次估计，估计结果如表 3–74 所示。从表 3–74 可以看出，除税负变量 $D(INC/GDPP)$ 可能由于数据分散性不足，对当前消费的影响不显著外，其他所有的解释变量对被解释变量当期消费的影响均是显著正影响，符合经济理论与经济预期。

表3–74 居民消费关于人均可支配收入的模拟15

Dependent Variable: *CS*

Method: Least Squares

Sample (adjusted): 1981 2017

Included observations: 37 after adjustments

Variable	Coefficient	Std. Error	t–Statistic	Prob.
C	−55.858 94	13.546 66	−4.123 449	0.000 3
INC	0.185 591	0.044 924	4.131 211	0.000 3
CS(−1)	0.757 814	0.067 291	11.261 77	0.000 0
D(*INC*)/*INC*(−1)	320.540 6	132.324 4	2.422 384	0.021 5
UR	230.892 5	62.302 31	3.706 003	0.000 8
D(*INC*/*GDPP*)	−93.631 93	90.013 24	−1.040 202	0.306 3
R–squared	0.999 802	Mean dependent var		1 208.243

续 表

Adjusted R-squared	0.999 770	S.D. dependent var	973.864 8
S.E. of regression	14.767 66	Akaike info criterion	8.370 150
Sum squared resid	6 760.597	Schwarz criterion	8.631 380
Log likelihood	−148.847 8	Hannan-Quinn criter.	8.462 246
F-statistic	31 305.49	Durbin-Watson stat	1.495 548
Prob(F-statistic)	0.000 000		

就该模型做序列相关性的 *LM* 检验，检验结果如表 3-75 所示。观察表 3-75，我们可以发现，模型存在序列相关问题。采用科克伦 - 奥科特迭代法进行模型序列相关的修正，得到模拟结果，如表 3-76 所示。观察表 3-76 模型的序列相关性的 *LM* 检验结果（表 3-77）可以发现，序列相关问题已经得以修正，模型 3-76 为最终模型。

表3-75　居民消费关于人均可支配收入的模拟15的拉格朗日乘数检验（*LM*检验）结果

Breusch-Godfrey Serial Correlation LM Test:			
F-statistic	2.828 798	Prob. F(2,29)	0.075 5
Obs*R-squared	6.039 976	Prob. Chi-Square(2)	0.048 8
Test Equation:			
Dependent Variable: *RESID*			
Method: Least Squares			
Sample: 1981 2017			
Included observations: 37			

续 表

Presample missing value lagged residuals set to zero.				
Variable	Coefficient	Std. Error	t-Statistic	Prob.
C	−4.899 857	12.979 20	−0.377 516	0.708 5
INC	0.060 933	0.050 312	1.211 098	0.235 6
CS(−1)	−0.102 270	0.078 436	−1.303 868	0.202 5
D(*INC*)/*INC*(−1)	−34.884 53	127.084 3	−0.274 499	0.785 6
UR	64.956 24	66.046 62	0.983 491	0.333 5
D(*INC*/*GDPP*)	−13.460 83	87.113 60	−0.154 520	0.878 3
RESID(−1)	0.227 576	0.224 556	1.013 447	0.319 2
RESID(−2)	0.454 314	0.223 519	2.032 552	0.051 3
R-squared	0.163 243	Mean dependent var		−3.15E−14
Adjusted R-squared	−0.038 733	S.D. dependent var		13.703 81
S.E. of regression	13.966 68	Akaike info criterion		8.300 037
Sum squared resid	5 656.980	Schwarz criterion		8.648 344
Log likelihood	−145.550 7	Hannan-Quinn criter.		8.422 831
F-statistic	0.808 228	Durbin-Watson stat		1.813 139
Prob(F-statistic)	0.587 545			

表3-76 居民消费关于人均可支配收入的模拟16

Dependent Variable: CS
Method: Least Squares
Sample (adjusted): 1982 2017

续 表

Included observations: 36 after adjustments				
Convergence achieved after 22 iterations				
Variable	Coefficient	Std. Error	t-Statistic	Prob.
C	-37.635 31	82.296 51	-0.457 314	0.650 9
INC	0.475 193	0.250 074	1.900 208	0.067 4
CS(-1)	0.337 748	0.297 248	1.136 248	0.265 2
D(*INC*)/*INC*(-1)	189.461 1	231.720 7	0.817 627	0.420 2
UR	359.448 1	194.796 0	1.845 254	0.075 2
D(*INC*/*GDPP*)	-2.257 708	90.261 40	-0.025 013	0.980 2
AR(1)	0.783 799	0.246 734	3.176 698	0.003 5
R-squared	0.999 822	Mean dependent var		1 235.177
Adjusted R-squared	0.999 785	S.D. dependent var		973.603 5
S.E. of regression	14.275 45	Akaike info criterion		8.327 626
Sum squared resid	5 909.869	Schwarz criterion		8.635 532
Log likelihood	-142.897 3	Hannan-Quinn criter.		8.435 093
F-statistic	27 128.38	Durbin-Watson stat		2.135 733
Prob(F-statistic)	0.000 000			
Inverted AR Roots		.78		

表3-77　居民消费关于人均可支配收入的模拟16的拉格朗日乘数检验（*LM*检验）结果

Breusch-Godfrey Serial Correlation LM Test:			
F-statistic	1.112717	Prob. F(2,27)	0.3433
Obs*R-squared	2.741299	Prob. Chi-Square(2)	0.2539

续　表

Test Equation:

Dependent Variable: *RESID*

Method: Least Squares

Sample: 1982 2017

Included observations: 36

Presample missing value lagged residuals set to zero.

Variable	Coefficient	Std. Error	t-Statistic	Prob.
C	15.236 47	96.402 60	0.158 050	0.875 6
INC	−0.078 864	0.254 723	−0.309 607	0.759 2
CS(−1)	0.142 158	0.315 816	0.450 129	0.656 2
D(*INC*)/*INC*(−1)	63.420 79	237.006 0	0.267 592	0.791 0
UR	−114.347 9	273.833 7	−0.417 582	0.679 6
D(*INC*/*GDPP*)	2.058 247	90.697 58	0.022 694	0.982 1
AR(1)	0.051 583	0.313 303	0.164 642	0.870 5
RESID(−1)	−0.412 392	0.426 615	−0.966 662	0.342 3
RESID(−2)	0.101 427	0.349 059	0.290 572	0.773 6

R-squared	0.076 147	Mean dependent var	−6.10E−09
Adjusted R-squared	−0.197 587	S.D. dependent var	12.994 36
S.E. of regression	14.220 29	Akaike info criterion	8.359 534
Sum squared resid	5 459.849	Schwarz criterion	8.755 414
Log likelihood	−141.471 6	Hannan-Quinn criter.	8.497 707
F-statistic	0.278 179	Durbin-Watson stat	1.896 045
Prob(F-statistic)	0.967 607		

第四组模型：人均国内生产总值关于居民消费的回归。消费乘数问题模型 1：根据初级宏观经济学理论我们知道，消费通过消费乘数作用于 GDP 增长，因此人均收入的增长受消费驱动。据此，构建模型 $GDPP=\beta_0+\beta_1\times CS+u$，模拟结果如表 3–78 所示。从表 3–78 可以看出，消费对GDP呈显著正向影响。平均来看，消费增长1单位，GDP增长0.666个单位。就参数的大小而言，其与理论预期消费乘数的设定不相一致。

表3–78　居民消费关于人均可支配收入的模拟16

Dependent Variable: *GDPP*

Method: Least Squares

Sample: 1980 2017

Included observations: 38

Variable	Coefficient	Std. Error	t–Statistic	Prob.
C	551.654 1	62.141 81	8.877 341	0.000 0
CS	0.666 389	0.040 788	16.337 86	0.000 0

R–squared	0.881 159	Mean dependent var	1 339.395
Adjusted R–squared	0.877 858	S.D. dependent var	691.473 8
S.E. of regression	241.662 0	Akaike info criterion	13.864 15
Sum squared resid	2 102 420.	Schwarz criterion	13.950 34
Log likelihood	–261.418 9	Hannan–Quinn criter.	13.894 82
F–statistic	266.925 8	Durbin–Watson stat	0.073 593
Prob(F–statistic)	0.000 000		

模型 2：注意到经济实际中更可能是当期消费影响下期收入，构建模型 $GDPP=\beta_0+\beta_1\times CS(-1)+u$，得到表 3-79 的回归结果。观察表 3-79，发现消费对 GDP 呈显著正向影响。平均来看，消费增长 1 单位，GDP 增长 0.707 个单位。但是，就参数的大小而言，其与理论预期消费乘数的设定不相一致。

表3-79 居民消费关于人均可支配收入的模拟17

Dependent Variable: *GDPP*

Method: Least Squares

Sample (adjusted): 1981 2017

Included observations: 37 after adjustments

Variable	Coefficient	Std. Error	t-Statistic	Prob.
C	573.402 0	64.975 62	8.824 879	0.000 0
CS(−1)	0.707 426	0.045 453	15.564 02	0.000 0
R-squared	0.873 755	Mean dependent var		1 364.405
Adjusted R-squared	0.870 148	S.D. dependent var		683.364 4
S.E. of regression	246.250 3	Akaike info criterion		13.903 11
Sum squared resid	2 122 372.	Schwarz criterion		13.990 19
Log likelihood	−255.207 6	Hannan-Quinn criter.		13.933 81
F-statistic	242.238 7	Durbin-Watson stat		0.076 739
Prob(F-statistic)	0.000 000			

总结：在计量经济建模过程中，同一选题可以采用不同的指标数据进行模拟，也可以用相同的指标数据模拟，采用的方法不同，模拟的结

果可能会有非常大的差异，进而导致相应的政策建议方向性的不同。同时，采用同一批数据，我们也可以验证不同的选题，这就决定了，在计量经济学模型的构建过程中，我们必须根据前人研究文献准确把握选题方向，准确筛选数据指标，根据计量经济方法进行准确模拟、检验和修正，只有这样，才能保证模型兼具统计意义与经济意义。否则，我们就会沦为模型的傀儡，为模型而模型，为模型而数据。这样，计量经济学模型“源于经济理论与经济实践，服务于经济理论与经济实践”的构建意义就会丧失。

第四章　附录

本书中用到的一些 Eviews 命令：

```
data y x1 x2 x3 x4 x5
ls y c x1 x2 x3 x4 x5
genr lny=log(y)
genr lnx1=log(x1)
genr lnx2=log(x2)
genr lnx5=log(x5)
ls lny c lnx1 lnx2 x3 x4 lnx5
genr lnx5=log(x5)
ls lny c lnx1 lnx2 x3 x4 lnx5
cor lny c lnx1 lnx2 x3 x4 lnx5
scat  x5  lny
ls lny c lnx1 x3 x4 lnx5 d1
scat  x5  lny
data d1
ls lny c lnx1 x3 x4 lnx5 d1 d1*lnx5 d1*x3 d1*lnx1
ls lny c lnx1 x3 x4 lnx5 d1 d1*lnx5 d1*x3 d1*x4 d1*lnx1 ar(1) ar(2)
ls lny c lnx1 d(x3 ) x4 lnx5 d1 d1*lnx5 d1*x3 d1*x4 d1*lnx1 ar(1) ar(2)
data y x1 x2 x3 x4 x5 x6 x7
genr lnyz=log(yz)
genr lnxz1=log(xz1)
```

```
genr lnxz2=log(xz2)
genr lnxz3=log(xz3)
genr lnxz4=log(xz4)
genr lnxz5=log(xz5)
genr lnxz6=log(xz6)
ls lnyz c  lnxz1 lnxz2 lnxz3 lnxz4 lnxz5 lnxz6
cor lnyz   lnxz1 lnxz2 lnxz3 lnxz4 lnxz5 lnxz6
ls lnyz c  lnxz1 lnxz5 lnxz6
ls lnyz c  LNXZ1  lnxz2 (XZ3/XZ2) (XZ4/XZ2) (XZ5/XZ2) LNXZ6
DATA D1
ls lnyz c  LNXZ1  lnxz2 (XZ3/XZ2) (XZ4/XZ2) (XZ5/XZ2) LNXZ6 D1 d1*LNXZ1  d1*(XZ3/XZ2)  d1*LNXZ6
scat  lnxz6 lnyz
ls lnyz c  LNXZ1  lnxz2 (XZ3/XZ2) (XZ4/XZ2) (XZ5/XZ2) LNXZ6 D1 d1*LNXZ1  d1*(XZ3/XZ2)  d1*LNXZ6 ar(1)
data y x1 x2 x3 x4 x5 x6 x7
genr lnyz=log(yz)
genr lnxz1=log(xz1)
genr lnxz2=log(xz2)
genr lnxz3=log(xz3)
genr lnxz4=log(xz4)
```

```
genr lnxz5=log(xz5)
genr lnxz6=log(xz6)
ls lnyz c  lnxz1 lnxz2 lnxz3 lnxz4 lnxz5 lnxz6
cor lnyz   lnxz1 lnxz2 lnxz3 lnxz4 lnxz5 lnxz6
ls lnyz c  lnxz1 lnxz5 lnxz6
ls lnyz c  LNXZ1  lnxz2 (XZ3/XZ2) (XZ4/XZ2) (XZ5/XZ2) LNXZ6
DATA D1
ls lnyz c  LNXZ1  lnxz2 (XZ3/XZ2) (XZ4/XZ2) (XZ5/XZ2) LNXZ6 D1
d1*LNXZ1  d1*(XZ3/XZ2)  d1*LNXZ6
scat  lnxz6 lnyz
ls lnyz c  LNXZ1  lnxz2 (XZ3/XZ2) (XZ4/XZ2) (XZ5/XZ2) LNXZ6 D1
d1*LNXZ1  d1*(XZ3/XZ2)  d1*LNXZ6 ar(1)
```

参考文献

[1] YOUNG ALWYN. The razor's edge: Distortions and incremental reform in the People's Republic of China[D]. Chicago：The University of Chicago, 1997.

[2] YOUNG ALWYN. The razor's edge: Distortions and incremental reform in the People's Republic of China[J]. The Quarterly Journal of Economics, 2000(4):1091–1135.

[3] WAN G. Rice market integration in China[D]. Sydney：The University of Sydney, 1997.

[4] PARK A，JIN H，HUANG R J. Market emergence and transition: Arbitrage, transaction costs, and autarky in China's grain markets[J]. American Journal of Agricultural Economics，2002，84(1)：67–82.

[5] 喻闻 . 从大米市场整合程度看我国粮食市场改革 [J]. 经济研究，1998(3)：50–57.

[6] 武拉平 . 我国小麦、玉米和生猪收购市场整合程度研究 [J]. 中国农村观察，1999(4)：25–31.

[7] 武拉平 . 中国农产品市场行为研究 [M]. 北京：中国农业出版社，2002.

[8] 孙顶强，徐晋涛 . 从市场整合程度看中国木材市场效率 [J]. 中国农村经济，2005(6)：37–45.

[9] 贺力平，樊纲，胡嘉 . 消费者价格指数和生产者价格指数 : 谁带动谁？ [J]. 经济研究 2008(11)：44–48.

[10] 徐伟康 . 对《消费者价格指数与生产者价格指数：谁带动谁？》一文的质疑 [J]. 经济研究，2010(5)：139–148.

[11] 贺力平，樊纲，胡嘉妮 . 消费者价格指数与生产者价格指数：对徐伟康商榷文章的回复意见 [J]. 经济研究，2010(5)：149–154.

[12] 张成思 . 长期均衡、价格倒逼与货币驱动——我国上中下游价格传导机制研究 [J]. 经济研究，2010(6)：42–52.

[13] 杨美丽 . 从农产品价格关系看中国国内商品市场有效性 [M]. 北京：中国农业出版社，2013.

[14] 沈丽，张好圆，李文君 . 中国普惠金融的区域差异及分布动态演进 [J]. 数量经济技术经济研究，2019(7)：62–80.

[15] 李宁，汪险生，王舒娟，等，自购还是外包：农地确权如何影响农户的农业机械化选择？[J]. 中国农村经济，2019(6)：54–75.

[16] 谢申祥，陆毅，蔡熙乾 . 开放经济体系中劳动者的工资议价能力 [J]. 中国社会科学，2019(5)：40–59,205–206.

[17] 李子奈 . 计量经济学 [M].4 版 . 北京：高等教育出版社，2015.

[18] 刀熊说说 . 选题 (3)——研究灵感哪里找？[EB/OL].(2017–7–12).https://zhuanlan.zhihu.com/p/26856271.

[19] 刀熊说说 . 选题 (1)——Social research 的三种目的以及什么是研究问题 [EB/OL].(2017–7–12).https://zhuanlan.zhihu.com/p/26773275.

[20] 刀熊说说 . 选题 (2)——What is a Good Research Question?[EB/OL].(2017–7–12).https://zhuan lan.zhihu.com/p/26798144.